SPIRITUAL LEADERSHIP

世の中心に立つ

霊性リーダーシップ

ジン・ジェヒョク

松田悦子訳

いのちのことば社

日本の皆様へ

スピリチュアル・リーダーシップを通じて、この世で勝利を勝ち取りませんか。スピリチュアル・リーダーは、神のビジョンを把握し、それを他人に伝える力を持った人です。また、霊的な力を通じて多くの人の生活に影響力を発揮する力を兼ね備えた人でもあります。スピリチュアル・リーダーは神からゆだねられた人々を、神の目的に沿って導く責任を持っています。

スピリチュアル・リーダーシップは、牧師だけでなく、一般信徒にも必要な力です。なぜなら、誰でも職場、学校、家庭、教会、牧会の現場でリーダーシップを発揮しなければならないからです。アブラハムは実業家であり、ダビデは政治家であり、ネヘミヤは建設長官であり、ヨセフは管理者であり、ヨシュアは軍隊長官でした。彼らは皆、全身全霊の祈りを捧げ、自分の領域で大きなリーダーシップを発揮し、与えられた使命を果たしました。

スピリチュアル・リーダーシップは神様から与えられた力で、私たち自身を変え、家庭を変革し、私たちが住むところすべての場所を変革させることができます。世界のどんなリーダーシップよりも強力なスピリチュアル・リーダーシップを身につけ、世界を変えるリーダーになる機会にご招待させていただきます。

二〇一七年三月　ジン・ジェヒョク

推薦のことば

リーダーシップの核心は、支配し、仕えることである。創造主なる神は人類に、支配せよ、仕えよと命じた。問題は、どのように支配し、仕えるかである。この「どのように」がリーダーシップの霊性を決定するのである。果たして、私たちは創造主の意図どおりに支配しているだろうか。今日の韓国教会のリーダーシップは、大きなチャレンジと試練の前に立っている。このようなリーダーシップの脆弱性は、その根っこからみことばと祈りを喪失したからである。そして、みことばと祈りからもたらされる人格の実を見ることができないからである。だから私は何よりも、霊性に根付いた聖書的リーダーシップの回復を願う。真の霊性リーダーシップだけがこの世の中心に立つことができる。ジン・ジェヒョク牧師は、このような霊性リーダーシップについて長い間考え、研究した方である。彼のリーダーシップの話によって、私たちが世の中心に復帰するのを見たい。真の世の光となり、世の塩となるリーダーシップの話を聞きたい。

イ・ドンウォン（地球村教会元老牧師、地球村ミニストリー・ネットワーク代表）

イ・ドンウォン牧師の後を継ぎ、地球村教会の主任牧師として立派な働きを担っておられるジン・ジェヒョク牧師の新刊『世の中心に立つ霊性リーダーシップ』が出版されたことをとてもうれしく思う。

多くの人々がリーダーシップの不在を語る今日の現実において、この本はその渇きをしっかり解消してくれるだろう。この本は、聖書が教える十字架の福音に基づく霊性リーダーシップを説明し、真の霊性リーダーシップについて、そしてイエス・キリストの真の弟子としてどのような霊性指導者の歩みをするべきかについて、具体的な答えを提示している。本書を通して、霊性リーダーシップを回復したリーダーたちが、多くの人々に夢と希望を与え、社会と教会に新しい変化と霊的刷新の働きを起こすと確信する。

イ・ヨンフン（ヨイド純福音教会主任牧師）

リーダーシップに関する堅固な学問的土台を持つジン牧師が、とても実際的で告白的なリーダーシップの教科書を書かれたことがとてもうれしい。この本でジン牧師は、リーダーシップの根本は霊性であり、その霊性の根本は神との交わりであると明かしている。今の時代はリーダーシップを、組織を扱う皮相的な技術のように考えている。しかし、ジン牧師は、存在から流れ出る影響力としてのリーダーシップの重要性を強調する。リーダーの座は、影響力のある地位であるからこそ難しいのであり、その難しさを謙虚に受け入れ、すべてのメンバーに神から流れ出る影響力を及ぼすことがリーダーの使命だと教えているのである。

この本には、地球村教会の主任牧師であり、リーダーとして数多くのたましいを導かれるジン牧師の実践と体験が溶け込んでいる。その原理を適用するとき、今の時代に必要な新しいリーダーへ変わることができると確信する。

イ・ジェフン（オンヌリ教会主任牧師）

本書には霊性リーダーシップに関する詳しい説明と簡潔な定義、そして深い洞察がある。霊性リーダーシップについて知りたいすべての人々の気になることを教え、多くの共感を呼び集める明快な本である。特に個人的に非常に共感し理解できたのは、「サーバント・リーダーシップのパラドックス」と「リーダーシップの観点」、そしてリーダーシップのパワーの中の「欠乏と充足の視点」に関する内容である。これまで曖昧だった概念と気になっていたことが、この本を通してさらにはっきりと整理された。

ところどころに紹介されているジン牧師の逸話は、読む人に、霊性リーダーシップの概念とともにジン・ジェヒョク牧師個人についても理解できるようにしてくれる。神のくださった能力と神の品性によって、神の目的を果たすために、神がゆだねられた人に行使する霊性リーダーシップは、今の時代に必ず必要なリーダーシップであり、社会に大きな影響力を及ぼすと信じる。

この本を、まず私の子どもたちと身近なリーダーたちに勧めて読ませたい。教会の働き人だけでなく、未来のリーダーである学生や若者たち、親たち、社会人、そしてCEOを含めた社会のすべてのリーダーたちに一読を強く勧める。霊性リーダーシップによって、韓国教会と韓国社会が神がくださるビジョンをもって共同体の夢を共に果たし、情熱と献身、リーダーの犠牲によって権威を回復して良い影響力を及ぼし、信頼と尊敬、そして愛があふれる明るい社会になることを願う。

キム・ギヨン（カーギル・アグリ・ピュリナ名誉会長）

人間と動物の最も大きな違いは、知性と感性を越える霊性を持っていることである。霊性リーダーシップとは、神が万物の霊長として創造した人間にくださった、神の品性に似た霊的な力であり、神が意図された目的に向かって人々を導く影響力である。今の時代、いわゆるむちとニンジンのリーダーシップに限界があることは明らかだ。むちがなくなればリーダーシップも消え、ニンジンを与えれば人々はもっとたくさんほしいと言い、ついには、より多くのニンジンをくれるリーダーについて行ってしまう。

この時代、揺るがないリーダーシップに対する渇望は、まるで渇いた鹿が谷川の水を探し求めてさまよう姿のようである。この本で示される霊性リーダーシップは、教会や奉仕の領域を超え、広く企業や社会全体を導くリーダーシップであり、真のリーダーシップを求める私たちの渇きを充分にいやしてくれるだろう。霊性リーダーシップは、価値中心の経営を追求する現代企業のリーダーたちが、より良い社会を作るために志向し、備えるべき最も高い段階のリーダーシップである。

イ・スンハン（Next&Partners 会長、UNGC 韓国会長、前ホームプラス会長）

だれもが絶えず、だれかから影響を受け、またほかだれかに影響を与えて生きていく。願おうが願うまいが、リーダーとして生き、リーダーシップの影響を受けて生きていくのである。だからこそ、教会や社会で多くのリーダーシップ教育を受けてはいるが、世の中でリーダーシップを発揮して生きるのに必要な洞察力や確信を備えるには不足を感じる。いわゆるクリスチャン・リーダーとして社会的価値観と衝突するとき、必ず経験する葛藤をどのように解決するかに対する答えが必要だった。

この本は、頭だけで学ぶリーダーシップではない。真の霊性リーダーシップに対する共感と確信を頭と心に刻んでくれる。この本を読み、これまでリーダーとして足りなかった自分の姿を正すことができ、リーダーとして受けてきた傷をいやされる特別な経験もした。一言で言えば、この本は慰めと励まし、洞察力といやしを経験させる特別な道具である。

すべての人、特に数多くの機会を抱いて生きるこの地の青年たちに、生活の場で遂行するリーダーシップの過程に対する強力な予防接種のようなこの本を強く推薦する。

チョン・ジンサン（大韓脳卒中学会理事長、成均館大学 サムソン・ソウル病院教授、医学博士）

はじめに

私たちを霊性リーダーに召してくださる神の恵み

リーダーシップ関連の本があふれています。特にここ数年、リーダーの不在が頻繁に話題にのぼる社会においては顕著な現象のようです。それらは大きくいくつかの類型に分けられます。

まずは、「リーダーシップ」というタイトルはついていますが、リーダーシップとは全く関係のない本。中を読むと、リーダーシップに関する事柄はひとつも扱われていません。ほかには、特定の人物を取り上げてそのリーダーシップを扱っている本です。さらに、リーダーの特性論を語っている本もあります。朝早く起きる、準備の時間を大切にする、誠実である、などリーダーの特性を取り上げ、どの人物がそうだったのかを紹介しているのです。

読むと感動があり、助けになるのは事実でしょう。ですが厳密に言えば、自分の状況や事情とはあまりにも異なるため、現場では大した助けになりません。それらのリーダーシップを実際に今日の自分の状況でどのように発揮するべきか、ぴったりとはつながらないのです。

私は以前、『리더가 죽어야 리더십이 산다（リーダーが死んでこそリーダーシップが生き

る)』という本を執筆しました。その中で、沈没していく韓国のリーダーシップの問題を指摘し、「信《シン》」のリーダーシップを回復しよう、というメッセージを伝えました。そのリーダーシップこそが「霊性リーダーシップ」です。霊性リーダーシップは、教会だけでなくこの世にも通じる卓越したリーダーシップであり、ポストモダンの時代において、さらに注目されるリーダーシップです。

創世記11章には、バベルの塔の出来事が記録されています。人々は大きな町と塔を建設し、その塔のてっぺんを天に届かせて、自分たちの名を挙げようとしました。神はこれを見過ごすわけにいきませんでした。塔を高く築いて自分の名を挙げようとした人々、すなわち野望の命じるままに塔を建てた高慢な人々を打ち砕いたのです。そして、創世記12章を見ると、アブラハムを召し、カルデヤのウルを発って命じる地に行けと言われました。神が召したそのとき、彼はあらゆるものを持った特別な人であり、信仰の父だったでしょうか。そうではありません。アブラハムは、特になんということもない無名の人であり、神はそんなアブラハムを召して、「あなたの名を大いなるものとしよう。あなたの名は祝福となる」と言われたのです。

さらに創世記13章には、アブラハムのしもべたちと甥ロトのしもべたちが争い合った話が出てきます。するとアブラハムはロトを呼び、「私たちは親戚だ。これ以上争うのはやめよう。あなたが左に行くなら私は右に行き、あなたが右に行くなら私は左に行こう」と語ります。そこでロトは目を上げてヨルダン地域を眺め、ソドムとゴモラのほうの土地がとてもよく見えたので、そちらを選ぶのです。ロトがこの世的によく見える土地に向かって出発した後、神は再びアブラハムに語りました。「さあ、目を上げて、あなたがいる所から北と南、東と西を見渡しなさい。わたしは、あなたが見渡しているこの地全体を、永久にあなたとあなたの子孫に与えよう」。これが、世とは違う、しかし世の中心に立つ霊性リーダーシップです。

神は、無名のアブラハムを召して祝福の源としたように、私たちをリーダーとして召し、世に良い影響を及ぼすことを願っておられます。私たちが日々神と交わり、主がくださるビジョンに従って人々を導くことを願っておられます。この本を読むすべての人が、世のどんなリーダーシップよりも強力な、神から出る霊性リーダーシップを完全に発揮し、世を変えるリーダーとなることを切に望みます。

ジン・ジェヒョク

二〇一五年五月

もくじ

世の中心に立つ霊性リーダーシップ

PART3

SPIRITUAL

PART1

霊性リーダーシップの理解

LEADERSHIP

01

霊性リーダーシップとは

リーダーは霊性で共同体を導く

だれが霊性リーダーか

二〇一〇年、チリのサンホセ鉱山で世界的に知られる崩壊事故が起こりました。坑道が崩れて、作業中だった三十三名の鉱夫たちが地中に閉じ込められますが、彼らはそこで七十日近く過ごし、全員救助されたのです。一人の犠牲者もなく、全員が救助されただけでも奇蹟に近いのに、さらに驚くことは、救助されたとき、彼らは疲れ果てていたり、いのちが危ぶまれたりする状態ではなく、とても明るく健康な姿だったということです。

これは、全世界の注目を集めるのに十分でした。どうしてこのようなことが起こり得たのかという研究が始められました。アメリカのＡＢＣ放送は、救助された鉱夫たちにインタビューをして次のような結論にたどり着きます。彼らがあの状況で長い間耐えることができたのは、三名の優れたリーダーがいたからだと。

第一のリーダーは作業班長のルイス・ウルスアでした。彼は三十三名の鉱夫たちが、極度の緊張状態を抱える状況でも、規律を守り、平安に過ごせるように班長の役割を充分に果たしました。もう一人のリーダーはヨニ・バリオスでした。彼は十五年前に六か月ほど看護師として働いていた経験を生かし、三十三名の健康を細かに気にかけ、世話をしました。興味深いのは第三のリーダーが存在したことです。六十三歳のマリオ・ゴメスは最年長でした。そして彼は、鉱夫たちをつかまえては祈り、励まし、慰めたのです。

多くの人々が特に関心を持ったのは、この第三のリーダーでした。班長の役割を果たした第一のリーダーと心身の健康をケアした第二のリーダーは理解できます。ところが、第三のリーダーは、普段はあまり目立たない人でした。祈り、力となり、励まし、慰めて仲間たちのたましいに触れた人。人々は彼を指して、霊的なリーダーと定義したのです。

霊性リーダーシップではないもの

霊性リーダーシップ（Spiritual Leadership）を定義するに先立ち、霊性リーダーシップではないものを考えてみましょう。

第一、霊性リーダーシップは、牧会者のような霊的リーダーのものなのではない。「霊性リーダーシップ」と言うと、私たちはなぜか牧会者や宣教師、神学生など、霊的な専門分野の人々のリーダーシップだろうと考えます。しかし、私の言う霊性リーダーシップとは、そのような特別な人々が持つ霊的リーダーシップのことではありません。

第二、霊性リーダーシップは、教会や働きにおけるリーダーシップではない。霊性リーダーシップは、どうやってグループリーダーの役割をきちんと果たすか、どうやって役員の役割を担うかなど、教会やその働きのためのものだと考えがちですが、そうではありません。霊性リーダーシップは、教会の働きに限られたものではありません。

第三、霊性リーダーシップは、クリスチャンだけのリーダーシップではない。

クリスチャンによるリーダーシップならば、当然、霊性リーダーシップだろうと誤解されがちですが、そうではありません。なぜなら、クリスチャンだからといって、その人のリーダーシップが自動的に霊性リーダーシップになるわけではないからです。霊性リーダーシップと霊的リーダーシップは、両方とも英語では〝Spiritual《スピリチュアル》 Leadership《リーダーシップ》〟です。しかし、霊的リーダーシップというと、先に述べた三つに限られる感じが強いので、本書では霊性リーダーシップと表現することにします。

リーダーに対するいくつかの誤解

リーダーに対する誤解で代表的なのは、リーダーには力（power）があるというものです。もちろん、すべてのリーダーは力を用います。しかし、力があるからといって皆がリーダーではありません。

ある男性が拳銃を持って「言うとおりにしないと撃つぞ」と言ったとしましょう。私たちはその人の言うとおりにするしかありません。彼は人を動かすとてつもない力を持っているのです。しかし、だからといって、彼をリーダーだと言う人はだれもいないでしょう。

また、リーダーは当然高い地位にあると考えられます。本当にそうでしょうか。会議を主導する議長は、英語でチェア・パーソン（Chairperson）ですが、文字どおり最も中心の椅子に座るからです。ところで、その椅子に座ったからといって、果たしてリーダーでしょうか。その椅子に座っていても、人々が話に耳を傾けなかったり、その人を認めないこともあります。そうかと思えば、特別な地位や肩書がなくても人々がその人の話に耳を傾ける場合もあるでしょう。

だとすれば、だれが本当のリーダーなのでしょうか。リーダーとは、高い地位や肩書を持つ人のことなのか、ことばや行動が他の人に影響を与える人のことなのか。

リーダーは自分の思いどおりにできる、というのも、リーダーに対する誤解です。私たちがリーダーになりたい理由の一つは、リーダーになれば思いどおりにできると考えるからです。ところが、自分の思いどおりにしても、人の心をつかめないなら、ついていく人はいません。ボールを受けてくれる捕手がいなければ、投手はボールを投げることができないのです。自分の思いどおりにできても、心から従う人がいないなら、果たしてその人はリーダーだと言えるでしょうか。

映画「グラディエーター」（二〇〇〇年／アメリカ）は、とても印象深い映画でした。主人公マキシマスがローマの円形競技場で戦う場面はどんなに格好よかったことか……。戦場で兵士たちを指揮する将軍の姿は、おおよそ二つのタイプに分けられます。一つは、自分は後方にいて兵士だけを前に行かせ、「攻撃！」と叫ぶ人です。もう一つは率先垂範型。「私について来い！」と、自分が先に立って進んで行く人です。ところで、この映画の最初の場面でマキシマスは、また違う姿を見せています。彼は馬に乗って戦いながら、兵士たちを率いてこう言うのです。「Stay with me（私と一緒にいなさい）」。そのシーンを見て私は、非常に意味のあるリーダーシップの姿だと思いました。

最後に、リーダーは成功した人、出世した人だというのも誤解です。私たちは成功した人はリーダーだと考えます。しかし、成功して出世しても、人々の心を得られず、かえって悪い影響力を及ぼし、変化をもたらすことができないなら、果たしてリーダーと言えるでしょうか。

リーダーシップは影響力！

リーダーシップを一言で定義するなら、影響力です。地位があっても、影響力がなければリーダーシップはありません。影響力の領域は異なります。これまでの人生で出会った人々で、あなたに影響を与えた人を考えてみましょう。ある人はあなたの信仰生活に影響を与え、ある人はあなたの人間関係に影響を与え、ある人は好きな音楽や読書法に影響を与えました。またある人はお金の使い方に影響を与え、大きな助けになったでしょう。このように、影響力はさまざまな形で存在し、影響を及ぼす領域も多様です。

影響力には、責任が伴います。私たちに肯定的な影響を与えた人がいるかと思えば、とても否定的な影響を及ぼす人もいるのです。肯定的な影響を与える人は肯定的な価値を教えてくれます。そしてそれは、私たちの人生に影響を与えます。

振り返ると、私の人生はとても多くの人から影響を受けています。中でも一番記憶に残っているのは、アン先生です。小学生のときの教会学校の先生です。先生を思うと、二つのことを思い出します。一つは卓球。日曜礼拝が終わると、奉仕をしている両親を待つ間、特にすることもなかったのですが、そんなときに私に卓球を教えてくれました。もう一つはジャージャー麺。平日に学校が終わって、家に帰る途中でアン先生の店に寄ると、いつもジャージャー麺をごちそうしてくれたのです。当時の子どもたちにとって、ジャージャー麺は最高のごちそうでした。先生が教会学校で教えてくれた内容は一つも覚えていませんが、卓球を教えてくれ、ジャージャー麺をごちそうしてくれて、私の心に肯定的な価値を植え付けてくれたことだけは、決して忘れることができません。

あなたにもこのような人がいるでしょう。その人たちが教えてくれた知識はあまり思い出せなくても、その人から学んだ人生の重要な価値ははっきりと思い出せるはずです。これが影響力であり、リーダーシップなのです。

どのくらい多く、どのくらい深く、どのくらい広く

影響力は、大きく三つの点で理解する必要があります。どのくらい多く、どのくらい深く、どのくらい広く影響を及ぼすか、です。

一つ目に、どれくらい多くの（Extensiveness）人々に影響を及ぼすか。ある人は十名、二十名など少数の人に影響を与え、ある人は千名、一万名と多くの人に影響を及ぼします。携帯電話に登録されている人が何人いるか、SNSの友達が何人か確認してみましょう。それが、自分がどのくらい多くの人々に影響を及ぼすか、見当をつけさせてくれるでしょう。

第二、どのくらい深く（Intensiveness）影響を及ぼすか。別の表現をすれば、どのくらい強烈に影響を与えるか、です。自分の人生にとても深い影響を与えた人のことは、忘れようとしても忘れられません。そのことを考えるとその人を思わずにはいられない、というほど深い感銘と深い影響を与える人々がいます。

第三、どのくらい全人格的に（Comprehensiveness）影響を及ぼすか。言い換えると、一人の人に影響力を及ぼすさまざまな領域の範囲のことです。

人々は、有名で偉大なリーダーになりたいと願います。そして、偉大なリーダーというと、どれほど多くの人々を率いているか、すなわち「どのくらい多いか」に限定して考えることがほとんどです。そして、多くの人を率いていれば偉大なリーダーで、人数が少なければ小さなリーダー、つまり、数字の大小とリーダーシップの大小が比例しているという考えです。しかし、リーダーの影響力をそれだけで判断することはできません。むしろ、それよりも一人の人にどのくらい深く、どのくらい全人格的に影響を及ぼしたかが重要なこともあるのです。

私は日曜日に説教を六回します。早朝から夕方まで説教をするとへとへとになり、まるでボクシングの選手のようだと思います。カーンとなると出て行って説教をし、カーンとなると戻って来て倒れ、またカーンとなると出て行き……。しかし、信徒たちにとっては一度きりの礼拝ですから、礼拝後も必ず残って、人々と挨拶をします。

区域担当の副牧師たちと一緒に並んで挨拶をしているとき、面白い現象を発見しました。信徒たちは、私のほうに歩いて来ていても、自分の区域を担当する副牧師を見つけると、そちらに方向転換をして挨拶をしに行くということです。やや不満（?）な気持ちになります。しかし、一番困惑するのは区域担当の副牧師でしょう。信徒が主任牧師の私ではなく自分のところに来るのですから、どれほど申し訳ない気持ちになるか。結局、その人を私のところに連れて来て、主任牧師にも挨拶をさせるのです。

私は考えてみました。私は三万人の信徒たちに、日曜日に六回説教する主任牧師ですが、その一人ひとりを知ることはできません。しかし、区域担当の副牧師は、自宅訪問をはじめ、結婚式、葬儀、子の一歳の誕生祝賀など、何かあれば駆け付けてくれるのですから、信徒たちにとってその牧師に会うほうがうれしいのは当然です。私が多くの人に説教するとしても、その人が本当に深い影響を受けるのはだれかを考えれば、答えは簡単でした。多くの人に影響を及ぼすからといって、深い影響力を与えるのではありません。時には、三万名に説教をするよりも、区域の十二名と人生を分かち合うほうが、より深い影響を与えることができるのです。

なぜ、このことが重要なのでしょうか。あなたが今の場所に来るまでに、重要な影響を及ぼした人々がいます。その人たちがだれかを一度考えてみるとよいでしょう。有名な人ですか。テレビに出て、何万名にも影響を及ぼすとても偉大な人ですか。もちろん、そういう人も一人や二人はいるかもしれません。しかし、おそらく、あなたに最も大きな影響を与えたのは、隣の人に名前を言ってもだれだかわからない人でしょう。けれども、その人はあなたを一番よく知っています。あなたに関心をもって近づき、あなたを信じ、長い時間をかけて人生を分かち合って深く交わり、そうしてあなたに深い影響力を及ぼした人です。

では、優れたリーダーとはだれでしょう。多くの人に影響を及ぼすリーダーも重要ですが、それよりも重要なのは、深く、全人格的な影響力を及ぼすリーダーではないでしょうか。

リーダーシップより重要なものはない

リーダーシップより重要なものはありません。一人のリーダーのゆえに組織が生きることもあれば、死ぬこともあります。ですから、良いリーダーを迎えるためにどれほど苦労するかわからないほどです。国も組織も共同体も家庭もリーダーによってすべてが変わります。もちろん、最近はリーダーに従うフォロワーシップ（followership）も重要だと考えられています。しかし、フォロワー（follower）が優れたリーダーを育てることができるとしても、結局、その優れたリーダーがフォロワーをリードするのです。ですから、従う人も重要ですが、リーダーの役割の重要性はだれも否定できません。国家や企業や家庭の栄枯盛衰が、リーダーによって決定されるという事実をこれまで私たちは何度も見てきたはずです。

私は牧会していて、「牧会で最も重要なものは何か」と考えたことがあります。最初は説教だと思いました。ところがよく考えてみると、説教は素晴らしいが教会の問題で何度も困難を経験するリーダーがいました。次に発見したのは品性でした。純粋で良い牧師たちが牧会する教会は何も問題がないように見えます。しかし、よく見ると、信徒たちは良い牧師を好きだと言いつつも、従ってはいませんでした。「うちの牧師は、性格はいいんだけどね……」と言いながら。では、他に何があるでしょうか。祈りではないかと考えてみました。しかし、祈りを多くする牧師は、何となく信徒たちが恐れていて、その教会に多くの傷が生じるのも見ました。一連の過程を経て私が得た結論は、リーダーシップでした。説教も品性も祈りも重要ですが、それらすべてを含む重要な要件があるなら、それはリーダーシップでしょう。

霊性《スピリチュアリティ》とは何か

霊性の一般的な定義

オーマン（J. Aumann）は霊性《スピリチュアリティ》をこう定義しています。「ある特定の宗教だけに限られず、神的、あるいは超越的なものを信じる人すべてに適用され、各自の宗教的確信に従った生活様式を形成する。人間の行為を誘発する態度や精神に具体化された宗教的、倫理的な価値である」

オーマンは、広い意味では倫理的なもの、狭い意味では宗教的なものだと解釈しています。世の人々が、仏教にも霊性があり、イスラム教にも霊性があり、キリスト教にも霊性があると言うときは、このような意味です。そのために人々は、泥道を歩いたり、瞑想をしたり、自分に対する良いことを考えて霊性を開発するのだと言います。

シュナイダーズ（Sandra M. Schneiders）は、霊性を「自分が認知している究極的な価値に向かい、自分を超越して自分の人生を統合しようとする過程と経験」と述べました。簡単にいえば、人間のすべての経験を統合したものが霊性だということです。

私が語ろうとしている霊性はキリスト教的な霊性なので、バナー（David G. Benner）による定義が良いでしょう。彼は霊性を「クリスチャンの生活の内部から始まって成長するものであり、クリスチャンの信仰と共同体の状況の中で遂行され、聖霊の内住を可能にする神に対する経験と出会い」と定義しました。ここで重要なことは「神に対する経験と出会い」です。

霊性の聖書的考察

聖書は霊性について何と言っているでしょうか。旧約聖書で霊性は、「ルアハ」（ヘブル語）という単語が使われています。それは風、あるいは呼吸という意味です。新約では「プニューマ」（ギリシャ語）という単語が使われていますが、聖霊、呼吸、息、霊を意味します。聖書を見ると、かなり多くの箇所に「プニューマ」という単語が使われており、霊、たましい、心、精神、風などと翻訳されています。イエスは聖霊について、風のようだと言いましたが、風は目に見えなくても物体が揺れるのを見てその存在を知ることができるように、聖霊にとらわれた人生の姿もそうです。目に見えないけれど確かに実体があるということです。

『世の中心に立つ霊性リーダーシップ』という書名をつけましたが、もともとは「風のリーダーシップ」にしたいと思っていました。誤解を招くかもしれないと考えて変えましたが、風のリーダーシップという表現は本当に気に入っています。見えなくても心を穏やかに動かしたり、時には、そよ風から台風になってものすごいパワーをもたらしたりもするリーダーシップ、目には見えないが実体のあるリーダーシップ、これと表現できなくても人の心を動かすリーダーシップ、これが霊性リーダーシップです。

霊性の実際的定義

霊性とは、神との交わりのことです。つまり神との交わりの深さにしたがって、霊性リーダーシップの力量が決まります。

神との交わりで重要なのは、神を知ることと神について知ること（Knowing about God）は違います。「知る」という意味を持つギリシャ語は二つあります。一つは「エイドー」で、もう一つは「ギノスコー」です。エイドーは知識的な知、ギノスコーは人格的な、体験的な、関係的な知を指します。

私たちが大統領を知っていると言うときは、本やニュースを通してその人について知識的に知っていることと、大統領と親交があって交流の中で知ることがあります。同じように、私たちは神との親密な交わりを通して「神について」知るのではなく、「神を」知るのです。ヘブル語で「知る」は「ヤーダー」という単語を使いますが、これは男女が一緒に寝ることを意味します。夫婦間で知り合うように、深い交わりの中で体験を通して知ることを言うのです。

神を知る霊性には、知・情・意がすべて含まれます。ある人は聖書の内容はよく知っていますが感動がなく、ある人はものすごく感動しますが、聖書についてはあまり知りません。またある人は、知っていることも多く感動もあるのに、従おうとする意志がありません。意志的に実際の生活の中に現れないのです。

霊性に対する理解

人は霊的な存在です（創1・27）。神は人間を創造したとき、息を吹き込んでお造りになりました。呼吸は霊です。「神は霊ですから、神を礼拝する者は、霊とまことによって礼拝しなければなりません」（ヨハネ4・24）というみことばにもあるように、神は霊です。そして、霊である神が私たちにたましいをくださいました。私たちに霊を与えた理由は何でしょうか。霊がある者だけが霊である神と疎通することができ、神は私たちと疎通することを願っておられるからです。神の霊と疎通し、交わることが霊性です。

霊は、あらゆる面で大きな影響を及ぼします。霊によって一つになるなら、精神と肉体のすべてが一つとなります。ところが、他のものが一つになっても霊が一つにならなければ、問題が起こり続けます。神が私たちをそのように造られたからです。霊によって一つとなり、霊が通じれば、妨げるものはありません。神との関係、たましいについて話すことのできる人とは、話せないことはありません。霊が通じればすべてが親密になり、すべてがつながります。

ずいぶん前のことですが、地球村教会の外国語礼拝部担当として仕えていたとき、英語セミナーを行ったことがあります。そのとき私が強調したのは「英語《ヨンオ》を霊語《ヨンオ》にしよう」でした。英語（English）を霊的な言語（Spiritual Language）にしようという意味です。これは私なりに会得した英語教育法です。核心は、英語を学問的に学ぶのではなく、霊的な言語として学ぶことです。英語が霊的な言語としてインプットされるなら、他の面もすべて切り開かれるようになります。一番良い方法は英語の賛美をたくさん聞き、たくさん歌うこと。英語で賛美して恵まれ、その賛美を自分の霊的な言語として英語で表現できるようになると本物の英語になります。そうすれば、次からは他の表現もできるようになるのです。

繰り返しますが、霊的なものが人生のあらゆる面に影響を及ぼします。神との関係がうまくいかないと、他のものまできしみはじめる理由がここにあります。それほど霊的なものが重要だということです。事実、これは教会だけでなく世も知っていることです。ポスト・モダン時代は、科学と理性を重視していた近代とは違いスピリチュアルを重要視します。世でも「たましいのある会社」などと言うではありませんか。たましい（Soul）のある答えと表現したりもします。スピリチュアルが、社会のすべての面で重要なものとして登場しているのです。

世は霊性リーダーシップを要求している

リーダーシップの歴史の変遷

リーダーシップの歴史は百三十年ほどになりますが、大きな流れを簡略に見てみましょう。なぜ今、霊性リーダーシップを語るのかを理解するのに助けになるからです。

学問的にリーダーシップ理論を語るとき、最初に登場するのが、いわゆる英雄論です。これはアレキサンドロス大王、カエサルなど、英雄伝に出てくる偉大な人物についての研究です。

英雄たちの人生を深く研究する人々は、こんな問いを持ち始めました。「何があの人を英雄にしたのか」。学者たちは、その理由がわかればもっと優れたリーダーになれるのではないかと考えて研究を続けました。そこから出てきたのがリーダーシップ特性論です。

特性論は、文字どおり偉人たちの人生の特性をとらえようとします。簡単に言えば、リーダーになれる特性は何かを調べようということです。一九〇四年から特性についての理論が多く登場し始めましたが、そのうちのいくつかを紹介します。

ある人は、リーダーは「目が違う」と言います。私が幼いとき、教師たちは、ぼんやりしないでちゃんと目を開けなさいとしょっちゅう言っていましたが、ここから来ていたのだと後にわかりました。とにかく彼らは、リーダーではない人の目はぼんやりしているが、リーダーは目が輝き、聡明で鋭いと主張します。ところで問題は、視覚障碍者のリーダーもいるということです。結局、人の目やまなざしだけでその人がリーダーか否かを決定することはできません。

別の学者は、リーダーは「声が違う」と主張しました。リーダーの声は人々の心を動かし、たった一言でも人々をとらえる力があるというのです。ところが、声が良くもなく、話もうまくないのに優れたリーダーだという場合があります。

またある学者は、リーダーは「背が高い」と言いました。リーダーは背の高さで人々に威圧感を与え、従わせるというのです。ところがこれも違います。私たちは背の低い優れたリーダーたちを知っています。

私たちはよく幼い子どもを見て「あの子はリーダーの素質がある」と言うことがありますが、これはその子どもに何かを見たからです。しかし、そのように言われていてもリーダーにならない人がたくさんいます。

これが特性論の限界です。特性論の結論は、リーダーの特性は見いだすことができないということです。ある特性だけをもって、リーダーかそうでないかを判断することはできません。

そこで出てきたのが行動論です。リーダーの行動パターンを科学的に研究すれば、リーダーシップをもっと理解できるのではないか、というものです。一九四八年、オハイオ州立大学を中心としてリーダーシップ行動論が登場し始めましたが、そのとき出てきた概念が「課題達成能力を持つリーダー」と「人間関係力を持つリーダー」です。

時が経つと、ここにも問題点が見出されました。リーダーの置かれた状況によってリーダーシップの有効性が変わるというのです。単純にリーダーの行動だけではなく、状況までも研究しなければならないというのが、一九六七年に登場したリーダーシップ条件適応理論です。

一九八〇年代以後は、状況だけでも駄目で、リーダーの経験や組織の歴史、従う人々の性格など、これらすべてが複合的に作用するため、どれか一つを取り上げて語ることはできないという主張が出てきました。とても複雑だということです。そこで登場したのが原則中心リーダーシップです。リーダーの価値（Values）がリーダーシップを決定するというものですが、代表選手はスティーブン・コヴィー（Stephen Covey）です。

以前は、企業がどれくらい優れた製品を作るか、マーケティングがどれくらい成功するかが重要でした。最近は、価値経営を打ち立てて、製品ではなく会社のイメージを売ります。寄付は基本として、各種社会貢献プログラムを作り、ボランティア協力もしながら会社のイメージアップのために努力するのです。もはや良い物を作るだけではだめで、消費者たちに信頼される価値を創造することが重要になったのです。

価値中心のリーダーシップは霊性リーダーシップに向かう

価値の中でも最も重要な価値は何でしょうか。それは聖書に書かれている価値です。「あなたの隣人をあなた自身のように愛せよ」「受けるより与えるほうが幸いである」「自分にしてもらいたいことは、ほかの人にもそのようにしなさい」

今の世はリーダーシップを研究しつつ、少しずつ聖書的な価値の優秀性を認め、今までになく注目しています。最近の企業を見ると、まるで教会のようです。教会がしていることはどれも企業がしています。今は世も価値経営をして仕え、分け合い、聖書に書かれていることを実践していいます。ただ、それが聖書に基盤を置いていることだと知らないだけです。結局、深く追及すれば、優れた価値は同じだということです。

ですから、価値中心のリーダーシップが発展すればするほど、霊性リーダーシップに帰結するのは当然です。世はすでにそのように動いています。『Jesus《ジーザス》 CEO』のような本がよく売れ、聖書の話が映画となり、聖書に出てくるリーダーたちがリーダーシップの研究対象になっている理由の一つは、その境界線が曖昧になったからです。今、私たちは、霊的に重要な価値が、この世的なリーダーシップにおいても重要な価値として認められる時代を過ごしています。企業もスピリチュアルの重要性に気づき、スタッフの霊的な必要を満たそうとする動きが見られます。たましいに触れるときに、より良い成果を出すことができると知っているからです。ですから信友会のようなものがたくさん組織され、スタッフたちに祈る時間を与えるなど、迅速に対応しています。芸能人たちもインドに行ったりします。彼らも今や霊的なものに触れなければならないということを知っているのです。

このように、ポスト・モダン時代は、今までのどんな時代よりも霊性に強い関心があります。ところで、私たちクリスチャンはすでにはるかに強力な霊性を持っています。問題は霊性とリーダーシップを結びつけることができず、別個のものと考えているということです。だから先に少しふれたように、霊性と言えば牧会者や教会の働きに限って考え、世に出たらこの世的なリーダーシップで勝負しようとします。また、霊性リーダーシップを語っても、それが世ではそれほど役に立たないもののように考えます。信仰は教会の中でだけ適用され、世に出たらこの世的な方法で生きるべきだと考えるのです。ですから、世は霊的なリーダーシップに関心を持ってさらに聖書に入っていくのに、逆にクリスチャンはこの世の中にリーダーシップを求めているというわけです。そして、仮にわかったとしても、それを教会と教会の働きに適用するだけで、霊性リーダーシップが世の中心で神の意図に従ってどのように影響力を発揮するかはわからないのです。

私たちがよく知っているサーバント・リーダーシップ（仕えるリーダー）は、ロバート・K・グリーンリーフによって広まりました。リーダーシップ開発課で働いていたグリーンリーフは、ヘルマン・ヘッセの『東方への旅』という小説を読んで感銘を受けます。東方巡礼団にレーオという従者がいたのですが、とてもよく一行に仕えていた彼がある日突然いなくなります。一緒にいたときはわかりませんでしたが、いなくなってみると、人々は従者レーオがどれほど重要な影響を及ぼしていたかを悟り始めるのです。ところが、後にわかったことは、東方巡礼を主導していた機関のトップがレーオだったということです。小説に出てくるレーオの姿からアイデアを得て始めたのがサーバント・リーダーシップであり、彼は一九七〇年代以後、サーバント・リーダーシップの機関を作って全世界に広めました。

私はこれを思うたびに、心の中でもどかしさを覚えます。すでにイエス様が二千年も前に仕えるリーダーシップを教えてくださったのに、教会がこれについてきちんと語れないために、世はヘルマン・ヘッセの小説をとても素晴らしいものであるかのように話すのです。世は小説を通して聖書的価値に向かっているのに、私たちクリスチャンは聖書をもってしても霊性リーダーシップをまともに発揮できず、教会の中に閉じこもってばかりいるので、痛嘆《つうたん》するしかありません。これは決して、神が願う姿ではないでしょう。神はすでに私たちの生活の現場で影響力を発揮できるように私たちに豊かな恵みをくださっています。神は私たちが世の中心で霊性リーダーシップを発揮することを願っているのです。

状況的要求と実際的必要

知能指数ＩＱ（Intelligence Quotient）が重要だった時代がありました。そのうちＩＱより重要なのは感性指数ＥＱ（Emotional Quotient）だと注目され始めました。ところが最近、ＥＱはあまり話題になりません。何度も感じたけれど、大したものではなかったということです。たくさん笑い、たくさん泣き、感動したけれど、それが人生を変えることはなかったということです。そこで、最近新しく登場したのが、人生に変化をもたらす霊性指数ＳＱ（Spiritual Quotient）です。

世界保健機構（ＷＨＯ）も最近では、肉体の健康、精神の健康を越えて、霊的な健康について語っています。支援団体も同じです。今では単に食事の問題を解決するにとどまらず、人々の霊的な必要をどのように満たすかについて悩んでいます。

最近、私たちの社会で最も多く聞こえる声の一つが、リーダーがいないということです。リーダーシップの不在。これはリーダーを信頼できないということです。なぜかと言えば、これはリーダーたちが持っている価値のせいです。

二〇一四年に、韓国を訪問したフランシスコ教皇を覚えているでしょうか。多数の犠牲者を出した大型旅客船セウォル号沈没事故によって国中が悲しみに暮れており、今までになくリーダーシップの不在を骨身にしみて経験していた私たちに、教皇は大きな感動を与えました。四泊五日の短い日程でしたが、終始一貫、謙遜で清貧で低い姿勢で仕える姿は、感動を越えて尊敬を呼び起こすのに充分でした。教皇はより多くの人に会うために、専用ヘリコプターの代わりに汽車に乗り、軽自動車を利用しました。食事もほとんどは構内食堂で食べ、安くて狭い部屋に宿泊しました。人々は彼の一挙手一投足に注目し、彼のことば一言にも耳を傾けました。

列福式に百万人が集まるなど、カトリック信者だけでなく全国民が宗教指導者である教皇に熱狂した理由は何でしょうか。さまざまな理由があるでしょうが、そのうちの一つは、教皇が移住労働者、脱北者、障害児など、社会的弱者のところに行って、その傷に触れ、慰め、励ましたという価値の追求ではないかと思います。近代産業社会から疎外され、無視されていた少数の権益と声が、ポスト・モダン時代には重要なテーマとして登場しましたが、教皇の行いはこれに応えるものでした。

私は教皇の訪問を見て、神学的な論争を離れて、霊性リーダーシップの威力を実感しました。聖書の価値を身をもって実践し、ことばと行動が一致する姿は、人々の心をとらえるのに充分でした。「フランシスコ効果」という用語ができるほど、彼は信仰のない人々からも共感と理解を引き出しました。そして人々に信頼を与えたのです。ポスト・モダン時代において、霊性リーダーシップが信頼を与えることのできる価値があるということを強力に示したのです。

聖書的リーダーシップの回復

世は今、聖書的価値を学んでいますが、私たちクリスチャンは、自分が持っているものが何かを知らないままこの世に学んでいます。牧師たちはＣＥＯになろうとし、教会はマーケティングを研究しています。本当に皮肉なことです。私たちは、今こそ聖書に立ち返り、果たして神が語られるリーダーシップは何かを真摯に求めなければなりません。聖書的リーダーシップを回復しなければならないということです。神が私たちに与えたものは、世の中心においても最も効果的でパワフルです。荒廃したリーダーは、優れたリーダーにはなれないのです。

世の中心に立つ霊性リーダーシップ

霊性リーダーシップは、神がくださった祝福です。それは世のどんなリーダーシップよりも優れています。信念を持っている人と、全能の神に対する信仰を持っている人を比較するとよいでしょう。自分がやらなければという義務を負った人と、神が召されたからこのことをすると考える人を比べてみましょう。その違いが想像できるでしょうか。

ピーター・ドラッカーは、教会のリーダーシップについて研究するべきだと語ります。世ではお金をもらって働きます。ところが教会ではお金を出して働きます。それも喜んで、熱心に。この世の中にそのような場所があるでしょうか。ある人は週の半ばにも来て奉仕をし、日曜日には一日中奉仕します。この世的な目で見れば、教会よりも素晴らしい場所はないでしょう。お金を差し出して一生懸命働くのですから、世の人々の立場からすればこれ以上願うことはありません。もしこのようなことが自分の会社、店、食堂、学校に起こったなら、果たしてどんなことになるでしょうか。これが霊性リーダーシップの威力です。

霊性リーダーシップは、世のリーダーシップよりもはるかに優れています。私はあらゆるリーダーシップを勉強しましたが、比較にもなりません。願いと祈りの違いを知っているでしょうか。生きていることと献身することの違いは？　自分の経験と神の知恵との違いは？　これは比べようもなく、試合にすらならないのです。霊性リーダーシップは、世のどんなリーダーシップよりも優れています。私は百パーセント確信しています。

霊性リーダーシップは、超自然的な神と結びついています。私たちがどんなに優れていても、結局は自然的なことしかできません。超自然的なものが存在するこの世に生き、自然的なことだけでリードする人と、超自然的な神と結びついてリードする人は比較にならないのです。

今の時代になぜ霊性リーダーシップなのか

世の変化とリーダーシップの原則

なぜ、霊性リーダーシップが必要なのでしょう。それは、世があまりにも速く変化しているからです。最近は、三位と五位の会社が合併によってナンバーワンになる世の中です。アメリカに行くと、ハンバーガーショップとピザ屋が一緒になり、チキンの店とドーナツ店が一緒になっています。昔は競争し合う仲だったのに、今はくっついているのです。ＳＮＳやスマートフォンがもたらした変化を見てください。いまや子どもたちも皆、スマートフォンにはまっています。

わずか数十年前までは、聖書研究を行う教会はあまりありませんでした。ただ礼拝だけをささげていました。聖書研究と言えば異端と考え、一般信徒がなぜ聖書研究をするのかと言っていました。ところが、今は聖書もさまざまに翻訳されており、例話もあふれています。説教の中で何かを話すと、すぐにスマートフォンで検索して反応します。だんだん牧師たちが説教をするのが難しい世の中になりました。

このように世が急速に変化するのに伴い、リーダーシップの原則も変わり続けています。リーダーシップには必ず三つのものが必要です。リーダー、従う人々（追従者たち）、状況です。ところが、この三つがとてつもなく速い速度で変わるのです。したがって、リーダーシップの変化も必須です。

急変する時代の中で、変化の流れを正確に読むことができる方は神です。それを主導する方が神だからです。今の時代に霊性リーダーシップが必要な理由がここにあります。

スティーブン・コヴィーがこんな話をしました。軍艦が運航中、行く手に明かりがピカピカするのが見えました。それを見て怒った将軍が叫びます。「何でこちらに明かりを向けるんだ。早くよけろ！」すると相手もよけず、軍艦に向かってよけろと言いました。「こっちには将軍が乗っているんだ。早くよけろ！」すると向こうは答えました。「こっちは灯台だ！」灯台を相手に将軍が何の役に立つでしょうか。霊性リーダーシップは灯台のようなものです。

リーダーの不完全さ

リーダーは不完全です。世は急速に変わり、状況は時々刻々変化します。リーダー一人では力不足なのは当然です。

わたしの思いは、あなたがたの思いと異なり、わたしの道は、あなたがたの道と異なるからだ。――主の御告げ――天が地よりも高いように、わたしの道は、あなたがたの道よりも高く、わたしの思いは、あなたがたの思いよりも高い。（イザヤ55・8、9）

神の考えは私たちの考えと違いますが、不確実で急変する世の中でリーダーの考えによって人々を正しく導くことは可能でしょうか。

リーダーは、フォロワーより四～五倍、決定することが多くあります。その上、ストレスと大きなプレッシャーの連続に苦しめられます。リーダーの役割を一人で担える能力もありません。このように、自分の不完全さを知るリーダーならば、霊性リーダーシップを考えずにはいられないのです。故障した時計を直すことができる最も確実な方法は、時計を作った人のところに行くことです。

神のリーダーシップ

こんな話を聞いたことがあるでしょうか。医科大学の教授が重要な説明をしている途中で急に中断し、黒板にO.G.Kと書きました。説明を続けているうち、一番大切な部分でまた中断してO.G.Kと書きました。後で学生が尋ねました。「先生、本当に重要な瞬間にO.G.Kと書きましたが、あれは何ですか」。教授は答えました。「Only God Knows（神のみぞ知る）だよ」

医者であっても自分が病気にかかったことに気づかない人もいますし、医学的に説明できないこともいくらでも存在します。ですから不完全な世にあって、不完全なリーダーシップを持つ私たちが神のリーダーシップを仰がずに、どうやって人々を導くことができるでしょうか。

コリント人への手紙第一1章25節は「神の愚かさは人よりも賢く、神の弱さは人よりも強い」と言っています。マタイの福音書23章10節は「また、師と呼ばれてはいけません。あなたがたの師はただひとり、キリストだからです」と記録しています。霊性リーダーシップは、イエス・キリストが自分のリーダーであると認めることです。リードするために（To Lead）リードされる（To be Led）リーダーです。

また、箴言9章10節は「主を恐れることは知恵の初め、聖なる方を知ることは悟りである」と語ります。悟りという単語は、英語の聖書でunderstanding（理解）と訳されています。私たちの力では人や状況を理解することは難しいでしょう。神のものとして状況や人を理解することができるなら、これよりも効果的なリーダーシップがあるでしょうか。主を恐れることが知恵であり、聖なる方を知ることが悟りだと言います。神を深く知れば知るほど、神の視点で人の状況を見る理解がさらに広くなり、深くなるものです。

愚か者は心の中で、「神はいない」と言っている。(詩篇14・1a)

信仰的には、神が知恵の初めであり悟らせてくださる方であると信じているのに、実際の生活の中では、特にリーダーシップの領域では、「神はいない」と言う愚か者の道を歩んでいないでしょうか。神がいないリーダーシップは、人間の限界の前で愚かであるほかないのです。

霊性リーダーシップとは何か

神がくださった能力で

霊性リーダーシップは自分の能力ではなく、神がくださった能力と神がくださるリーダーシップの賜物で人々を導きます。生まれつきあまりリーダーシップがないと思う人は、訓練し、学習しなければなりません。それだけでなく、リーダーシップの賜物を願って神に求め、拠り頼むことです。

神から与えられた責任を

霊性リーダーは、自分の役割は神からゆだねられた責任であるという意識を持たなければなりません。自分にゆだねられたリーダーシップの役割が、何となくここまで来たのでも運が良かったのでもないということです。神が私をこの場に召された。この信仰があれば、どんなに大変で困難でも耐えることができます。言い換えれば、苦難の中でも神がくださった責任、すなわち召命があれば、リーダーシップを発揮するべき座をひるまずに守ることができるのです。

神からゆだねられた人に

錯覚する人が多いのですが、私について来るからといって私の人なのではありません。人々は、神から私にゆだねられた神の人です。ですから、私に与えられた役割に伴う資源や人はすべて神のものです。

神の目的に向かって

霊性リーダーは自分の目的ではなく、神の目的のために働きます。神がゆだねてくださった人々のための神の目的のことです。このため、リーダーは共同体に対する神の目的、すなわちビジョンが何かを知らなければなりません。それは自分のための目的ではなく、その人々の目的でもなく、その人々のための神の目的であることを覚えましょう。

神の品性を通して

霊性リーダーシップは神に似たリーダーシップです。神と価値を共有するので、神の品性に反する姿は現れません。こう言うと、気弱になって何もできないと考えるでしょうが、そうではありません。むしろよりパワフルでこの世の中でもより大きな実をもたらします。

五つの項目をもう一度詳しく考えましょう。神がゆだねられた人々を、その人々に対する神の目的に向かって、神がくださった能力で影響力を及ぼして導き、神が与えられた責任を果たして神の品性を持つことが霊性リーダーシップです。

深みに網をおろす霊性リーダーシップ

ルカの福音書5章を見ると、ペテロと仲間たちが漁をする場面が出てきます。彼らは夜通し一生懸命働きましたが、何も獲れませんでした。そのとき、イエスが現れて言いました。

「深みに網をおろしなさい」

主のことばどおりにしたところ、獲れた魚が多すぎて網が破れそうになり、別の船に助けてもらわなければなりませんでした。大漁の喜びを味わったのです。この経験をしたとき、ペテロはイエスにひれ伏してこう言いました。

「主よ、私は罪人です。私から離れてください」

私はこの場面を読みながら、これこそが真の霊性リーダーシップの姿だと思いました。ペテロはだれよりも漁の上手な人物でした。漁師が一生の生業でした。彼の父の舟を所持していたことから、この業界ではなかなか盛んな家だったのかもしれません。それにもかかわらず、ペテロは自分の長い経験や知識をすべて手放して主のことばに従ったのです。

そうです。霊性リーダーシップは深みに網をおろすことです。自らの知識や経験も重要ですが、霊性リーダーになりたいなら、それだけでは不十分です。時には、それすらも手放して深みに対する信仰をもって従うことができなければなりません。深みに網をおろしましょう。

02

霊性リーダーシップのカリスマ

リーダーは自分を捨てて十字架を負わなければならない

リーダーシップの愛憎関係「カリスマ」

人々はカリスマという単語が本当に好きです。カリスマのある人をうらやましがったりもします。しかし、いざカリスマ・リーダーが自分を支配すると、ひどく苦しみ、その人がいなくなればいいのにと言います。その願いどおり、カリスマのないリーダーが選ばれたらどうでしょう。果たして満足するでしょうか。人々は間違いなく、このリーダーはカリスマが足りないと言うでしょう。文字どおり愛憎関係です。カリスマを慕い求めながらも、カリスマのゆえに苦しみ、一方ではカリスマがなければ不安になるのです。

カリスマが聖書からきた単語だと知っているでしょうか。カリスマ（Charisma）はギリシャ語で賜物《たまもの》を意味します。賜物は私たちがよく知っているように、神がくださる贈り物です。問題は、世の人々も「カリスマ」という単語を使うということです。この世でカリスマと言えば、普通、次のような意味を持ちます。預言や奇跡を行う超自然的な力や絶対的な権威、大衆をとらえて従わせる能力や資質……。正確に説明することはできませんが、なぜか惹かれる強力な何かをカリスマと定義します。

最近のリーダーシップの研究は、カリスマ・リーダーシップが多いようです。カリスマ・リーダーにさえなれば、人々が完全に魅了されて従うからです。そのため、最高指導者だけでなく中間指導者までもがどうすればカリスマ・リーダーになれるか、研究が盛んです。当然、カリスマをどのように手に入れるかが何よりも重要な関心事として浮上しています。

興味深いのは、正解がすでに聖書に書かれているという事実です。聖書は「治める者」の賜物という表現を使い、すでにリーダーシップのカリスマについて語っています。つまり、カリスマは神がくださるものです。それにもかかわらず、世では相変わらずカリスマを聖書の意味とは違うものとして受け取り、それを追求しています。人々は、ことばでは説明できない何か惹かれるもののある姿、言い換えれば惹かれるということに注目するだけで、実際にその人の何のゆえだということは言いません。

ところで、ヒットラーや金日成《キムイルソン》のようなカリスマ・リーダーが他にいるでしょうか。彼らほど確かなカリスマを持っている人もいないでしょう。しかし、それをリーダーシップだと言うことはできません。リーダーシップ研究は、表に現れた結果だけでカリスマを求めるならこのような問題が発生することがあることを指摘しています。同時に、人々は価値のないカリスマはリーダーシップだとは言えないと主張します。

一方、韓国のリーダーシップ文化はまた別の絵を描いています。これは西洋におけるリーダーシップの論点、つまりマックス・ウェーバー（Max Weber）が主張したカリスマ的支配とは違います。私はこれを「韓国的カリスマ」と定義します。韓国的カリスマはどこから出てきたのか、その根を探してみましょう。

韓国的カリスマ・リーダーシップの根を探して

文化はメガネのレンズのようです。レンズを通して世を見ているのに、本人はレンズを見ることができません。しかし、自分以外の他の人々には見ることができます。韓国のリーダーシップ文化を少し離れて見ることができたなら、私たちのリーダーシップについて新しく理解することができるでしょう。

韓国人の文化と世界観の形成に一番大きな影響を及ぼした宗教は、シャーマニズムと儒教と仏教です。近代になってキリスト教の影響も受けましたが、ポスト・モダン時代にはパニックになっているといっても過言ではありません。

リーダーシップの側面から見ると、仏教の影響はそれほど大きくはありません。仏教のリーダーシップ自体が隠遁型だからです。いわゆる山に入って禅を組む、道士リーダーシップです。リーダーはフォロワーと一緒にいるべきですが、その点で道士リーダーシップは符合しません。道士リーダーシップの神秘性を掲げたシャーマニズムや、儒教が混ざった仏教リーダーシップが登場しましたが、とにかく仏教のリーダーシップのモデルは私たちに強く残りませんでした。韓国的カリスマ・リーダーシップの文化的モデルとして、儒教、シャーマニズム、軍事政権、この三つに注目してみましょう。

儒教的リーダーシップの特徴「序列」

儒教の核心にある思想は孝《こう》です。これに基盤を置いた家父長制度では、父親が最も重要なリーダーであり、絶対的な権限を持っていました。これは君師父一体《クンジブイルチエ》に発展し、王にまで拡大されました。王は全国民の父となるのです。つまり、孝《こう》の範囲が拡大されて忠《ちゅう》に発展し、これは王権神授説の信仰と結びついて、王に絶対権力を付与しました。私たちは時代劇でこの姿をいくらでも見ることができます。雨が降らないと、王が「朕《ちん》が不徳だから、天が雨を降らせないのだ」と言ったり、天の代わりに天下を治める天子である王に、どうして臣下が対抗できるかと言ったりするのです。

韓国の組織文化はこのような儒教の影響を多く受けてきました。儒教のシステムで重要なのは能力や実力ではなく序列です。孫――息子――父――祖父――曾祖父、高祖父と祖先に続く序列。これはそのまま私たちの組織文化に継承され、序列中心のリーダーシップとして固まりました。教会も例外ではありません。聖書的な概念ではないにもかかわらず、私たちは知らず知らずのうちに平信徒――執事――按手執事――長老の順に序列を決めています。

私たちの社会には数多くの序列が存在し、人々は序列に従って動きます。序列にはそれぞれにふさわしく行うべきことと、してはならないことが存在します。目に見えない社会・経済的な序列もあり、仮に課長なら何坪くらいの家に住み、どんな種類の車に乗るべきだという暗黙の合意がなされているのです。だからこの範囲から外れると変わった人として扱われます。

私が地球村教会の主任牧師として赴任したばかりのことです。K5という自動車を購入したのですが、副牧師たちが悩み始めました。副牧師が主任牧師と同じようなグレードの車に乗っていることはできないというのです。そこである方は自分の車を買い換えるべきかと、慎重に私に聞きに来ました。もちろん、私はそんな必要はないと答えました。これが儒教文化です。

序列で重要なのは上に上がることです。序列によってすべてが決まるからです。副会長という役目は、その人が次に会長になることを暗示しています。もちろん、そうではない場合もありますが、ほとんどはそうです。ところで、どんどん上に上がっていくと問題が生じます。終わりがないということです！　会員から始まって会長まで行ったら終わるべきなのに、それが終わりではないという話です。引退したり任期が終わったりしたら会員に戻るべきですが、私たちの文化ではそうすることができません。一度会長になったら永遠に会長であり、そのために元老、諮問、名誉などの肩書をつけるのです。

教会でも序列が決まっています。同じ年に長老に選ばれても、だれが多くの票を集めたかで序列が決まります。牧師が祈る人を指名するときも、その序列に則っていなければ問題になります。私が教役者や信徒たちと食事をするときも、だれが言ったわけでもないのに、序列の高い人が私の横に座ります。他の人々ともまんべんなく交わりを持ちたいのですが、思いどおりになりません。宣教地に行くと、韓国宣教師会にも厳然とした序列が存在していました。韓国宣教師会は会長の任期が一年ですが、ほとんどは宣教地に来た順序どおりに会長になりました。能力やリーダーシップなどは重要ではなく、ただ宣教地に来た順序が序列になるのです。

シャーマニズム・リーダーシップの特徴「恐れ」

シャーマニズムは、知らず知らずのうちに私たちの霊性の奥深くに入り込んでいます。私たちがよく使うことばのうち、星回りがどうだとか、運がどうだとか、鬼が泣く、などということばはシャーマニズムと関係があります。私が何かをピタリと言い当てたとき、ある方が「先生はイタコのように言い当てられましたね！」と言いました。「牧師に向かってイタコのように言い当てたとはどういうつもりだ？」と笑ってやり過ごしましたが、私たちの生活の隅々にシャーマニズムの影響が色濃くしみ込んでいることを、改めて実感しました。また、結婚や引っ越しをするとなると、吉日や鬼のいない日を選び、四柱《しちゅう》の干支八字を調べたり、占いを見たりすることもシャーマニズムの影響です。

シャーマニズムで最も重要なリーダーは、シャーマンです。シャーマンはとてつもないパワーを持っています。祝福と呪いがシャーマンの手にかかっています。多く払えば祝福し、少なく払えば呪い、気に入れば祝福し、機嫌が悪ければ呪い……。そのように人々と駆け引きをします。だから人々はシャーマンの前で恐れに震えるしかありません。シャーマニズム・リーダーシップは一言で言えば、恐れを助長して人々を動かすリーダーシップです。

恐れには価値がありません。そこには道徳もなく、善も存在しません。シャーマンが「互いに愛し合いなさい！」と言うのを聞いたことがあるでしょうか。嘘をついてはいけない、良いことをしなさいと言うのを聞いたことがあるでしょうか。おそらく、ないでしょう。彼らは「ああ、良くない、良くない！　もっと払いなさい。もっと払うんだ」と言うだけです。

時折、神を誤解する人々がいます。多く献金すれば神が祝福を増し加えてくださり、多くしなければ怒られると言うのです。しかし、これは明らかに誤った考えです。神は決してそのようなお方ではありません。もし、このような恐れによって人々を動かそうとするなら、果たしてそれが聖書的かどうか、問うてみなければなりません。

軍事政権の残滓

長い間、韓国を統治していた軍事政権の影響も無視できないでしょう。一番よくみられるのは各種の標語です。そのような表現があちらこちらに掲げられているのを見ると、切なくなります。「作戦」ということばも軍事政権の副産物です。私たちは何かというと「○○作戦」と命名することがあります。私たちの教会で、使わなくなった携帯電話を集めたことがあります。その収集箱を見ると「不要携帯電話収集作戦」と書いてあるではありませんか。私たちの社会の隅々に、いまだに軍事政権の残滓が存在しているのです。

私が初めて韓国に来て慣れなかったことの一つが、握手でした。礼拝を終えて礼拝堂の外に出て挨拶をするとき、高齢の方々が先に手を出してくだされば握手をしましたが、私から手を出すことはありませんでした。長い間外国で暮らしていたので、私にはそれが自然なことでした。ところが、人々が先に手を出してくれることを願う私の思いとは違い、かなり多くの方々が手を出してくれませんでした。私は「ここでは握手をあまりしないんだな」と考えました。

かなり経ってから、副教役者たちとこの話をする機会がありましたが、そのとき、ある方が「先生がまず手を出さなければいけませんよ」と言いました。彼は続けて、軍隊の文化を話してくれました。軍隊では、階級の高い人がまず手をださなければ握手をしない。目下の者が先に手を出すものではない、というのです。私は、ようやく人々の行動を理解することができました。それ以後、私はだれにでも先に手を出して握手を求めています。

韓国的カリスマ・リーダーシップの特徴

韓国的カリスマ・リーダーシップの長所もあります。強力な一人のリーダーが推し進めるので、非常に早く成長し、早く変化します。しかし、裏を返せば失ったものも多くあります。急激な成長の後に通貨危機が起きて登場したＩＭＦ（国際通貨基金）や韓国教会の困難は、まさに韓国的カリスマの暗い影です。

果たして、私たちはどんなものを失ったのでしょうか。

一人が中心の強力なリーダーシップ

家父長制の儒教や軍事政権下では、無条件に言われたとおりにしなければなりません。リーダーのことばが、すなわち法です。「できないなら、できるようにしろ」がモットーでした。シャーマンも同じです。シャーマンの一言によって、祝福と呪いが行ったり来たりするからです。このように、韓国的カリスマ・リーダーシップの根となっている儒教と軍事政権、シャーマニズムはすべて、強力な一人が中心のリーダーシップだということがわかります。

このような体制においては、どんなに会議をしても無駄です。一番上の人の一言でそれまでの労苦が水の泡になってしまいます。そうかと思えば、一人が中心のリーダーは多くを語りません。外国人は会議をするとき、最高指導者がリードします。反対に、韓国では最高指導者は黙っていて、第二のリーダーがリードします。長い外国生活でこのような文化に慣れていない私は、どれほど居心地が悪かったかわかりません。教役者会議を初めて開いたとき、当然私が会議を主催するのだと思っていました。ところが、会議の終わりになって、「先生、一言お願いします」というので、どれほど困惑したことか……。

リーダーがあまり話さず、格好をつけてばかりいるので、フォロワーたちはリーダーが何を願っているのかを把握するのに必死です。政治において、金《キム》派はどうだとか、朴《パク》派がどうだとか言うのも、まさにこのためです。リーダーが自分の意志を少しでも見せると、その意中を把握するために奔走します。したがって、目端の利く人が能力のある人として認められます。リーダーのかゆいところにすばやく気づいて、ガリガリかいてやるからです。

韓国的カリスマ・リーダーシップは、責任を負わせることのできない高い地位です。家父長制では、どんなに親が悪くても、子は絶対に親を悪く言うことはできませんでした。それは親不孝だからです。同じように、どんなに最高指導者が間違っていても、フォロワーはどうしても間違っているとは言えません。下にいる人間が補佐して間違えたからと、代わりに解任されます。最高指導者は決して責任を負うことはないのです。

リーダーが「これがいい」と言えば、フォロワーたちはそのとおりに実行します。それがうまくいけばいいのですが、そうではない場合、問題が生じます。そのときリーダーはこう言います。「私はいいと言っただけだ。いつやれと言った?」反対の場合もあります。リーダーがいいと言っても、それを推進しなかった場合です。やらずに損害が出ると、リーダーは「いいと言ったのに、なぜやらなかった?」と言います。結局、こうしても、ああしても、損をするのは下の人間です。

権力の距離が遠い上下組織のリーダーシップ

韓国的カリスマ・リーダーシップは、リーダーとフォロワーの距離がとても遠いのです。権力の距離(power distance)が近い西洋とはかなり対照的です。私たちにとって、リーダーは簡単に接近できない、近寄るにはあまりにも遠い存在です。大統領と国民は言うまでもなく、社長と社員、教授と学生、さらには教会内でも牧師と伝道師、長老と信徒の距離がとても遠いのです。ですから近くに行こうとすらしないし、何かを一緒にしようともしません。

教会でエレベータに乗ろうと待っていても、いざドアが開いて、中に主任牧師が乗っていると、信徒たちは乗ろうとしません。充分に乗れるのに、です。ためらっているのを見て、私が「乗りなさい」と言うと、仕方なく乗ってきて、隅っこにうつむいて立っています。食事のときも、だれも私の横に座ろうとしません。無理に座らせれば、先生の横に座って食べると消化によくないと言います。そんな必要は全くないのに、私たちにとってリーダーとは、近寄ることのできない存在になってしまいました。もちろん、リーダーがそう願っていることもあります。神秘的な存在になりたいのです。そのようなリーダーは決して自分の短所や弱点、失敗などを明らかにしたがりません。明らかになった瞬間、「あ、あの人も私たちと同じなんだ！」と言われて、神秘感がなくなってしまうからです。

地位中心のリーダーシップ

役割と役割に伴う社会的地位（status）があります。外国では、役割と地位が分離されているので、役割が終われば地位も終わります。半面、韓国では役割が終わっても地位は継続します。たとえば、国会議員を辞めて十年以上経っても、相変わらず○○議員と呼ぶことです。私たちは役割中心ではなく、地位中心のリーダーシップなのです。そして、その地位にふさわしい役割を作り出します。だから、地位自体がまるでリーダーシップになっているようです。

恐れのリーダーシップ

韓国的カリスマ・リーダーシップは恐れで人々を動かすリーダーシップです。強力なカリスマを持つリーダーににらまれたら、もはやそこでは生きていけません。目立ちすぎてもいけないし、視界の外に出てもいけない。ここ数年間、私たちの社会のホットな話題として浮上した〝甲の横暴〟〔訳注：立場の強い者の横暴〕も、突き詰めてみれば恐れのリーダーシップに起因します。

道徳不感症のリーダーシップ

私たちの社会の指導層の道徳不感症は深刻な水準です。一例を挙げるなら、高位公職者候補に推薦された人の中に、清廉潔白な人を見出すのは難しいでしょう。リーダーシップもあり、カリスマもあるが、慣行という名のもとに不正を容認している場合が多いのです。

ともすれば、この部分だけは他の領域よりも清くあるべき教会すらも、非難を免れることはできないのが実情です。牧師が信徒たちに対してぞんざいなことばを使い、悪口ばかり言っていても、説教で恵まれさえすればいいと考えます。聖書の教えと違っても、結果さえよければ過程がどうであれ問題ではないということです。これは教会建築にも適用されます。どんなに反対意見が多く、強引な方法で建てたとしても、完成してしまえばそれで終わりです。結果ですべてを覆い隠してしまいます。

今でも覚えている集会があります。有名な講師が招待されていましたが、その方がこんな話をしました。アメリカに行って帰国するとき、息子に与えようとノートブックを買ったそうです。税関に申告しなければなりませんでしたが、そうはせずに祈りました。「神様、ひっかからないで、問題なく入国できるようにしてください」ところが本当に税関の職員が何も言わずに「行きなさい」と言ったというのです。話を終えた講師は「ハレルヤ!」と叫び、聴衆は「アーメン!」と言いました。そのとき、私はまだ幼かったのですが、その様子を見て首をかしげるしかありませんでした。

リーダーがどんなにカリスマにあふれていても、果たしてそれが聖書的かどうか、確かめなければなりません。何よりも、神のみことばを最高権威の座に置かなければならないのです。今、韓国教会が困難に遭っている理由の一つも、まさに神のみことばより他のものをより高い権威として認めているからです。

今はもう違います。パラダイムが変わりました。過去のパラダイムにとらわれていた韓国的カリスマ・リーダーシップは、もはや居所を失ったのです。

後継者不在のリーダーシップ

強力な韓国的カリスマ・リーダーシップは、必然的に後継問題を引き起こします。後継者を立てれば、自分のリーダーシップが終わってしまうからです。ですから通常、自分が信用できる人を後継者として立てたり、操り人形のようにコントロールできる人を立てたりします。どちらの場合でも問題が生じます。操り人形のようだったのが、ある瞬間、自分でやり始めるようになり、争いが起こります。また、自分が助けてやった人を立てたのに、その人に突き放されたりもします。

実際、強力なカリスマ・リーダーシップの次の走者は、だれがなっても大変です。偉大なカリスマをどうやって超えることができるでしょうか。リーダーシップの面から見ても、カリスマ・リーダーシップの二代目は皆苦労するしかありません。成功した例はとても少ないのです。二代目への継承をどんなにうまくやっても、共同体がまだカリスマ・リーダーシップに対する思いを捨てることができません。カリスマ・リーダーに関しては、どんな目に遭っても無条件に寛大です。もし、リーダーが世を去ったなら、なおさら良いことだけを覚えています。結局、前任者の最高と後任者の最低を比較することになるのです。ですからゲームになりません。

今、継承問題で悩んでいる教会を見ると、たいていは二代目です。二代目の成功はリーダーシップの側面からはまだ検証されていません。ですから継続して祈り、恵みを求めなければなりません。二代目には祈りと恵み以外、他の道はないのです。

パワーの暗い面とそれを統制する世の方法

カリスマ・リーダーシップはとてつもないパワーを持っています。それをうまく用いればいいのですが、統制できないパワーはさまざまな問題を生みます。

パワーに高慢が合わさると、必ず腐敗します。パワーがあればあるほど、それが絶対的であればあるほど、人間は高慢になります。だれも例外はありません。聖書にも、そのような人々が多く登場します。創世記11章に出て来るバベルの塔を築く人々を見てください。

さあ、われわれは町を建て、頂が天に届く塔を建て、名をあげよう。（創世記11・4）

イエスの十二弟子はどうだったでしょうか。彼らはイエスを目の前にして、だれが一番偉いか、イエスの右と左に座るのはだれかと論じ合いました。序列を決めようとしたのです。

人類の歴史はパワー争奪戦です。権力の前では、親も兄弟も子もありません。それを手に入れることさえできるなら、躊躇なく血を流します。そうやって獲得したパワーを自己満足のために使います。パワーが乱用されるのです。これは、他の人を虐待する現象に現れたりもします（power abuse）。パワーを武器にして人々を自分の願うとおりに利用するのです。

パワーは、ともすればリーダーを独裁へと陥れます。人の欲は限りなく、持てば持つほどさらに欲しくなるのです。初めは器一つあればいいなと考えていたのに、いざ器が手に入るとそれを並べる食器棚が欲しくなり、食器棚が手に入るとそれに合う家具を買いたくなり、さらには家具に合う家に引っ越したくなります。ですからアクトン卿はこう言っています。「権力は腐敗する、絶対権力は絶対に腐敗する」

それでは、これを解決するためにはどうすればいいのでしょうか。この世の人々は、大きく二つのことを語ります。

一つ目の方法は、力の均衡と制裁です。権力の乱用を防ぐために、一人が力を持つのではなく分立させるのです。三権分立が代表的です。ところで、果たしてこれで問題が解決したのでしょうか。韓国のような帝王的大統領制では、相変わらずパワーの偏重現象が問題として残っています。パワーを分けるといっても、一番パワフルな人の独善は存在し続けるのです。結局、パワーの完全な分立は存在しません。

それだけでなく、境界線内でのパワーゲームもあります。最近ニュースを見ていると、ある政党が以前は賛成していた案件を今は反対している場合があります。もちろん、その反対のケースもあります。国益ではなく、自分たちの利害得失によってその時々で立場が変わるのです。

こんなこともあります。不正が多くて不正を監視する機関を作ったところ、その機関の力が強くなり、その機関を監視するまた別の機関が必要になり、その機関がまた力を持つようになったため、それを監視する別の機関を作り……。結局、どんなに力の均衡のためにパワーを分け、線を引いても、パワーに対する人間の欲はどうしようもなく、パワーゲームを作るしかなく、その中で相変わらず独善が存在するしかないのです。

二つ目の方法は、指導者を交代することです。一人の人が長い間パワーを持てないように任期を決め、投票をして人を代えるということです。ところが、ここにも盲点があります。そのようなシステムがあったとしても、権力を自ら手放そうとしないからです。韓国の場合、大統領の任期末年になると、必ず不正が暴露されます。それで終わりません。任期を終えると、それまで隠されていたありとあらゆる問題が表面化して攻撃対象になります。だから恐ろしくてとても任期を終えられないのです。自発的な権力譲渡は難しいと考えなければなりません。

権力を譲渡するとしても、大抵、自分の味方を立ててから譲ります。たとえ権力の座から下りたとしても、後任者を背後からコントロールする勢力として残るのです。外国では、自分の学校で博士学位を取った人は、なるべく教授として採用しません。成長がないからです。ところが、韓国ではほとんど該当教授の関係ラインにある人を選びます。そのラインでなければ入ることは難しいでしょう。結局、このような点が、指導者が交代しても相変わらずパワーは存在するという問題を引き起こしているに違いありません。

サーバント・リーダーシップのパラドックス

では、パワーはコントロールできないのでしょうか。パワーを正しく使う方法はないのでしょうか。私はその答えを霊性リーダーシップに見出そうと思います。まず、聖書的なリーダーシップとして最もよく知られているサーバント・リーダーシップを見てみましょう。

まず、サーバント・リーダーシップということば自体が、かなり曖昧模糊としていることを指摘せずにはいられません。サーバント（servant）とは力のない人であり、リーダーは力で人を動かします。サーバントは従う人であり、リーダーは先を進む人です。この両極端にある二つの単語を合わせて、サーバント・リーダーシップにしようとするのですから、実際、あまりピンときません。

サーバント・リーダーシップを主張する人々は、イエスが弟子たちの足を洗ったことを例に挙げます。しかし、イエスは毎日、弟子たちの足を洗ったのでしょうか。その日だけ、特別に洗ったのです。その日、弟子たちに教訓を与えるためにそのようにされたのです。

牧会リーダーシップ・セミナーに行くと、有名な牧師たちが聖書的リーダーシップを語りながら、イエスの仕えるリーダーシップを取り上げます。ところで、実際に牧会する教会での牧師たちを見ると、カリスマ的な独裁者の姿である場合が多いのです。副教役者にぞんざいに話すのは基本であり、腹が立てば物を投げたりすることもあると言います。口ではサーバント・リーダーシップ（仕えるリーダーシップ）を語りながら、実際はどうすることが仕えるリーダーシップの姿なのか知らないのです。

普通、サーバント・リーダーシップというと、人々に無条件に仕えなければならないと考えて、足を洗うことばかりを続けます。初めの一回、二回はフォロワーも感動しますが、繰り返されれば人々はその人をリーダーとは思わなくなります。扱いやすいと考えて、つけあがるのが常です。そうなるとリーダーはどうなるでしょう。十中八九フォロワーに傷つけられ、それまで使わなかったパワーを振り回して懲らしめます。そうなると、フォロワーたちはリーダーの前にひれ伏し、それによってリーダーは、韓国人はよくしてやったらだめだと言って、さらにカリスマ的支配を発揮するようになるのです。結局、サーバント・リーダーシップを語ったとしても、実際に存在しないリーダーシップ、理論上だけ存在する実際的ではないリーダーシップになってしまいます。私たちのリーダーシップの中でどのように現れるのかを理解できないのです。
果たしてそうでしょうか。決してそうではありません。私たちが正しくわからないからそう思えるだけで、サーバント・リーダーシップは神のみことばどおり、本当にパワフルなリーダーシップです。さあ、それでは、サーバント・リーダーシップのパラドックスを学びましょう。

サーバントは品性であり、リーダーシップは役割である

サーバント・リーダーシップは、リーダーシップの品性を指します。私たちはよく、リーダーの品性と役割を混同します。はっきり言えば、「サーバント（仕える）」は品性であり、リーダーシップは役割です。ところが人々は、この二つを逆にとらえ、仕えることを役割だと考えます。その結果、仕えてばかりいて導かないので、実用性がなくなってしまうのです。

「しもべ」（仕える者）というギリシャ語には、重要な単語が二つあります。「ディアコノス」と「ドゥロス」です。ディアコノスには「食卓で給仕をする」（waiting on the table）という意味があり、ドゥロスには所有されていることを指す、「奴隷」「しもべ」の意味があります。言い換えると、ディアコノスが仕える行動そのものの重要性を強調しているとすれば、ドゥロスはしもべであることを主人との関係の中で説明しているのです。

ともすれば、私たちのサーバント・リーダーシップはディアコノスにとどまりすぎてはいな

いでしょうか。そのために、さらに実用性のないリーダーシップのモデルになってはいないでしょうか。真のサーバント・リーダーシップにはドゥロスの意味が強調されるべきです。主人との関係におけるしもべの動機と心を持つリーダーシップが、仕えるリーダーシップなのです。

サーバント・リーダーシップは弱いリーダーシップか

サーバント・リーダーシップというと、どんなものを思い浮かべるでしょうか。ほとんどの場合、弱いリーダーシップ、優しいリーダーシップだと答えます。当然、そのようなリーダーシップでは人々を動かすのは難しいと言うのです。しかし、考えてみてください。私たちが最も多く語るイエスは、まさにサーバント・リーダーシップのモデルです。イエスは弱いリーダーシップだったでしょうか。違います。イエスはパワフルなリーダーシップ、強力なカリスマ的リーダーシップでした。サーバント・リーダーシップは、私たちが知っているように、いつも叩かれ、やられ、ふらふらしている、そんな弱いリーダーシップではありません。

サーバント・リーダーシップとカリスマ

私たちはカリスマ・リーダーシップとサーバント・リーダーシップを正反対だと考えます。イエスにはどれほどカリスマがあったでしょう。イエスが教えるとき、人々はみな、イエスの権威に驚きました。イエスは最もカリスマのあるリーダーでしたが、だれも独裁者だとは言いませんでした。いや、むしろ、イエスは仕えるリーダーでした。それならば、カリスマ・リーダーシップとサーバント・リーダーシップは相反する概念ではないということがわかります。

サーバントは私たちの品性に関するもので、カリスマは外に現れるリーダーシップの姿なのです。

管理者リーダーシップ（stewardship）

私は、サーバント・リーダーシップの最も重要な鍵は、仕えることではなく、管理することにあると考えます。ドゥロスはディアコノスより、主人である神のしもべという管理者意識を強調しています。そうです。仕えるとは、心をどのように持つかというパワーの問題で、ここで最も重要なことは、自分がどれくらいよく仕えるかではなく、どれくらい管理者意識をもって、主人の思いに従って導くかにあります。先に言ったように、霊性リーダーは、神から与えられた責任を担い、神がくださった能力で、神からゆだねられた人々に、その人々に対する神の目的に向かって、神の品性を通して影響を及ぼす人だからです。

サーバント・リーダーシップの最も大きな問題は、仕えることを強調しすぎて、リーダーとなることを放棄してしまうことです。しかし、リーダーとして召してくださったのも神であり、従う人々も神が遣わしてくださった人々です。このような管理者意識を持つとき、正しいサーバント・リーダーシップが現れます。

「私はあなたのしもべです。しかし、あなたは私の主人ではありません」

(I am your servant but you are not my master!)

「神が私の主人なので、私はあなたに仕えることができます」

(I can serve you because God is my master!)

これが、まさにサーバント・リーダーシップのハートです。このハートをもって導く聖書的カリスマ・リーダーシップ、それが霊性リーダーシップなのです。

ですから、霊性リーダーシップのカリスマは、韓国の文化にではなく、神の品性と目的に根差しています。韓国の伝統的カリスマではなく、聖書的な新カリスマが本物です。そして、新カリスマは、信カリスマでなければなりません。人々に恐れを与えるカリスマではなく、信頼を与えるカリスマが本物のカリスマだということです。霊性リーダーは、聖書的カリスマである〝信カリスマ〟で勝負しなければなりません。リーダーの性格が活発でないこともあります。しかし、そのリーダーの一言や祈りの影響力が人々を動かすなら、それが信カリスマです。リーダーが静かに従う。しかし、静かに従うリーダーの一言が共同体を動かす影響力を及ぼすなら、それが信カリスマです。

十字架リーダーシップ

聖書的なリーダーシップのモデルとしてサーバント・リーダーの話をしましたが、本当にサーバント・リーダーシップがイエスの最も重要なリーダーシップのモデルなのでしょうか。サーバント・リーダーシップも素晴らしいですが、それは完全な絵ではありません。私はイエスの最も重要なリーダーシップのモデルは「十字架リーダーシップ」(cross leadership)だと考えます。十字架リーダーシップこそ、真の〝信カリスマ・リーダーシップ〟です。

あなたがたの間では、そのような心構えでいなさい。それはキリスト・イエスのうちにも見られるものです。キリストは神の御姿である方なのに、神のあり方を捨てられないとは考えず、ご自分を無にして、仕える者の姿をとり、人間と同じようになられました。人としての性質をもって現れ、自分を卑しくし、死にまで従い、実に十字架の死にまでも従われました。

(ピリピ2・5—8)

これは十字架リーダーシップの根幹をなすみことばです。「そのような心構えでいなさい」とありますが、「そのような心構え」とは何でしょうか。それは品性、言い換えればカリスマです。信カリスマ、信頼を与える価値、神の品性のことです。

神の御姿であるイエスは十字架で死ぬまで、神学的には七回、へりくだられました。神の御姿であるご自身が、そのあり方を捨てられないとは考えず、ご自分を無にして、仕える者の姿をとり、人間と同じようになり、人としての性質をもって現れ、自分を卑しくし、死にまで従われたのです。

これを見ると、三つ目に「仕える者の姿」とありますが、サーバント・リーダーシップはここに出てきます。よく、弟子たちの足を洗ったことがイエスのリーダーシップの根本だと言われますが、私は同意しません。サーバント・リーダーシップはイエスの七回のへりくだりの三つ目に該当するのです。つまり、サーバント・リーダーシップはイエスのリーダーシップの一部分として示されたものであって、イエスのリーダーシップの全体だということはできません。

そうだとすれば、イエスのリーダーシップの全体を包括するリーダーシップは何でしょうか。神の品性を表現する、さまざまなリーダーシップの価値のことです。それは、まさに十字架リーダーシップです。イエスは仕える者の姿をとることにとどまりませんでした。十字架の死にまで従われたのです。

それならば、イエスの十字架リーダーシップとは何か、もう少し詳しく見てみましょう。

「自分を捨てる」――リーダーシップの信頼

十字架リーダーシップの信カリスマは、自分を捨てるところから始まります。イエスは神の御姿であっても、それを捨てられないとは考えず、ご自分を無にして仕える者の姿となって来られました。ある人は「神のあり方を捨てられないとは考えず」を「天の特権をすべて手放して」と訳しています。受肉したイエスは、自分を捨てることのモデルであり、十字架こそが自分を捨てることの決定版です。

どうやって自分を捨てることができるのでしょうか。「だれが一番偉いか」という関心を手放すことです。私たちはいつも、だれが一番偉いか、だれがより上か、だれがより高いかを比較し、確かめることを好みます。軍部では、葬儀の時に参列できる階級が決まっているといいます。あれこれ調べ、あちらこちら実情を探っている人が、自分を捨てることができるでしょうか。果たしてそのような人が他の人に信頼を与えることができるでしょうか。

既得権を手放すことも自分を捨てる一つの方法です。教会にも家庭にも会社にも既得権はあります。既得権を手放さなければ、欲ばかりが生じ、欲はパワー拡大（abuse）につながり、結局、信頼を与えることができなくなります。ですから、リーダーが信頼を得ようとするなら、自分の既得権を手放さなければなりません。

最近、私たちの社会にリーダーがいないという声が頻繁に聞こえます。それは信じられるリーダーがいないという意味です。天心を語りながら欲と書く。民心と言いながら、私心と書く。力が少しあれば、自分に有利なようにし、自分が願うものを手に入れるのに血眼になるリーダーを、到底信じることはできないということです。だから大衆は「自分の欲を捨てて自分を犠牲にし、本当に共同体のために働くリーダーが果たして存在するのか」と絶えず疑っています。本当にそのような人がいれば信じて従うのに、目をこすって探してもいないから疑うのです。

人々の心を得るためには、真正さがなければなりません。韓国教会は、他宗教に比べて寄付も多くし、社会福祉事業も多くしているのに、未信者からなぜ攻撃されるのでしょうか。もしかしたら、その答えはすでに私たちの中にあるのかもしれません。本当に人々のためにしているのでしょうか。本当に泣く者とともに泣いて涙を流しているのでしょうか。もちろん、心からそのようなことに加わっている人までおとしめようとは思いませんが、私たちの真正さを省みなければなりません。

また、信頼を与える霊性リーダーは、すべてのことについて公正さ（fairness）を維持しなければなりません。原則はだれにでも公正に適用されるべきです。だれにはこのようにし、またある人にはあのようにし、気に入った人は見逃し、そうでない人には原則どおりにし、地位の高い人にはよくして、目下の人には気ままにする……。このように、人によって不公平に適用してはならないのです。自分との利害関係の中でも、自分を捨てなければなりません。最後に、変わりない誠実さを付け加えたいと思います。最後まで一貫性をもって最善を尽くすとき、人々の心を得、信頼を得ることができます。目に見えるときだけ、認められるときだけ、利益があるときだけではありません。変わらない誠実さは、そのように自分を捨てるところから出てきます。

ここでしばらく立ち止まって、自分のリーダーシップを考えてみましょう。

私には、人の心を得る真正さがあるだろうか。

私は、あらゆる関係において公正だろうか。

私は、変わらない誠実さをもっているか。

人々は私を信頼しているか。そうでないなら、その理由は何か。

霊性リーダーシップは、フォロワーをコントロールしてリーダーに仕えさせるのではなく、自分をコントロールしてフォロワーに仕えます。イエスは神のあり方を捨てられないとは考えず、ご自分を無にして仕える者の姿で来られ、ついには、十字架を負って復活し、王の王、主の主となられました。自分を捨てるとき、はじめて影響力があるリーダー、信頼を得るリーダーになります。多くのリーダーたちが影響力を得られない理由は、自分を捨てていないからです。十字架リーダーシップは自分を捨てることで、従う人々の心を得るものです。

「従順」――リーダーシップの召命

自分を卑しくし、死にまで従い、実に十字架の死にまでも従われました。（ピリピ2・8）

十字架リーダーシップの最後は従順です。それはほかでもなく、召命に対する従順です。イエスが負った十字架は神の御心、召しに対する従順でした。イエスはゲッセマネの園で、「わが父よ。できますならば、この杯をわたしから過ぎ去らせてください。しかし、わたしの願うようにではなく、あなたのみこころのように、なさってください」（マタイ26・39）と祈りました。

この祈りは、十字架の召命に従うことを確認する重要な過程でした。最もつらいとき、この召命は十字架の死にまで従うことのできる力となりました。

人々は「十字架」というと、無条件に苦しみだと考えます。イエスの十字架は苦しみでしたが、イエスに対する神の召しであり、神の御心でした。イエスがその御心に従ったように、私たちも自分の十字架を負って、私たちの召しに対するリーダーシップの責任に従い、神の御心に従わなければなりません。

霊性リーダーは、神の御心に従います。イエスは「だれでもわたしについて来たいと思うなら、自分を捨て、日々自分の十字架を負い、そしてわたしについて来なさい」（ルカ9・23）と言われました。十字架リーダーシップは、主について来なさいというみことばに従って、自分の十字架を喜んで負うことです。

リーダーシップの難しさと苦しみの中で、神が与えてくださった共同体に対する影響力の責任を負って行くことは簡単なことではありません。十字架のようなものです。しかし、その召しの召命が確かなので、すべてのことが困難でも耐えることができ、担えるようになり、打ち勝つことができます。「神がここに私を召し、このことを私にゆだねられた」という召命によって、自分の十字架を負い、主について行くのです。

「愛」――リーダーシップの動機

仕える者の姿をとり、人間と同じようになられました。人としての性質をもって現れ……（ピリピ2・7―8）

神の御子が人と同じようになり、人としての性質をもって現れたということは、イエスが人の痛みや苦しみや傷を体験されたという意味です。なぜそうされたのか。主がこの地に来られ、十字架を負った理由は何でしょうか。それは神の愛、私たちに対する大きくて素晴らしく、真実な神の愛のゆえです。十字架は友のためにいのちを捨てる最も大きな愛であり、羊たちのためにいのちを捨てる牧者の象徴です。十字架を負ったのは、私たちに対する愛のゆえでした。

人の子が来たのも、仕えられるためではなく、かえって仕えるためであり、また、多くの人のための、贖いの代価として、自分のいのちを与えるためなのです。（マルコ10・45）

リーダーシップの動機がフォロワーに対する愛であるとき、リーダーは、自分が導く人々に最善の有益を与えることを最優先します。自分が人々を導くことが重要なのではなく、フォロワーたちの有益が先だということです。したがって、人々により大きな有益があるなら、必ずしも自分が導かなくてもかまいません。既得権を手放すことができるのです。このようなリーダーは、自分が導く人々が成長し、発展することで大いに満足します。

自分に問いかけてみてください。私はチームのメンバーを本当に愛しているだろうか。ひどく悩ませ、頭を痛くさせ、気に入らなくて、仕事もめちゃくちゃで、能率も悪いあの人、代えられればいいのにという考えが頭から離れないあの人を、本当に愛しているだろうか。私も時々、そんな思いになると、本当にその人を愛しているか、自分に問いかけています。

『三国志』には、いのちをかけて一生主君に仕える人々が出てきます。私は私と一緒に働く人々が、私が導くフォロワーたちが、少なくとも一度は「私はこの人と一生やっていける」と考えてくれたらと思います。もちろん、一生一緒にいることはできないかもしれませんが、少なくともそのような考えを一度くらいしてはくれないだろうかと。もし、そのような反応を得られないなら、私に愛がないのであり、リーダーとして何か問題があるという反証です。人は愛する人に反応したくなるものであり、愛は人を動かす最も強力なパワーだからです。

私は自分が導く人々と共同体を本当に愛しているだろうか。私は何かを得ようと、知ろうと、動かそうと、成就しようと、満足しようとしているのではないか。彼らが手段や方法になるのではなく、彼らの幸福が私の幸福であり、彼らの成長が私の喜びだから愛しているか。

だれかを愛すれば、その相手について以前には見えなかったものが見えてきます。目に入れば観察し、観察は関心となり、それは新しい理解と新しい変化をもたらします。愛し、仕える心で神がゆだねたことを行っていく霊性リーダーは、この世のだれよりもはるかに効率的で、豊かで、満ち溢れています。人々が見ることのできないものを見、感知できないものを感知し、理解できないものを理解し、できないことができるからです。自分のリーダーシップの動機をもう一度点検してみてください。

この世も愛が重要だと騒いでいます。お店は「自家製」「おふくろの味」を強調し、塾は「自分の子のように責任を持ちます」と宣言します。つまり、家族のような愛で接するとき、最高の信頼を与えることができると世も知っています。霊性リーダーは、単純にリードするのではなく、本当に、愛を動機とするリーダーです。

フォロワーたちに対する愛は、その人々のための祈りや関心に現れます。イエスは人間と同じようになり、人と同じ姿になってくださいました。それが私たちを愛するイエスの方法でした。疲れて、困難に遭い、痛んでいる人々に近づき、ふところに抱き、分かち合いました。愛の章として知られているコリント人への手紙第一13章4節から7節を見ましょう。

愛は寛容であり、愛は親切です。また人をねたみません。愛は自慢せず、高慢になりません。礼儀に反することをせず、自分の利益を求めず、怒らず、人のした悪を思わず、不正を喜ばずに真理を喜びます。すべてをがまんし、すべてを信じ、すべてを期待し、すべてを耐え忍びます。

霊性リーダーは、このように愛でリードしなければなりません。このみことばの「愛」の代わりに「リーダー」を入れて読んでみましょう。

リーダーは寛容であり、
リーダーは親切です。
リーダーは人をねたみません。

リーダーは高慢になりません。
リーダーは礼儀に反することをせず、
リーダーは自分の利益を求めず、
リーダーは怒らず、
リーダーは人のした悪を思わず、
リーダーは不正を喜ばず、
リーダーは真理を喜びます。
リーダーはすべてをがまんし、
リーダーはすべてを信じて、
リーダーはすべてを耐え忍びます。

霊性リーダーシップの〝信カリスマ〟は、十字架リーダーシップです。人間と同じようになり、人としての性質をもって現れ、十字架の死にまでも神の御心に従ったイエスのリーダーシップです。それは自分を無にして、捨て、犠牲になるリーダーシップ、既得権を手放すリーダーシップ、神からの召しに従い、自分の十字架を負って行くリーダーシップです。フォロワーたちに対して自分を与える愛が動機のリーダーシップです。

03

霊性リーダーシップのパワー

リーダーの力は敬虔な人生から出る

パワーのないリーダーはリーダーではない

パワーを好まない人はだれもいません。パワーは好きではないと言いながらも、パワフルなものを好みます。パワフルな説教、パワフルなパソコン、パワフルな自動車エンジンなど、パワーに熱狂します。

私たちの社会を熱くしている甲乙論争〔訳注：歪んだ上下関係、パワハラ〕も、結局はパワー闘争(power struggle)に関するものです。強者と弱者、力を持つ者と力に虐げられる者の話です。ところで、少し考えてみれば、私たちはどちらか一方だけに該当しているのではないことがわかります。甲である人が、別の甲に対しては乙になり、乙である人が別の乙にとっては甲になる。人々はだれでも甲であろうとしますが、絶対的な甲はいないのです。

パワーの問題は、生活の中に常に存在します。パワーはどのように現れるでしょうか。職場では地位に現れることが多いでしょう。学校では先輩と後輩、一般的な場合では年齢に現れます。それは目に見えない文化的序列です。外国で牧会していたとき、韓国から来た新しい方を紹介すると彼らは必ず、だれも聞いていないのに自分の年齢を真っ先に発表しました。最初はとても奇妙に感じましたが、つきつめて考えるなら、年齢が序列を決定し、その序列によってパワーが決定されるからではないでしょうか。

知らない人同士が出会ったときはどうなるでしょうか。直接年齢を聞くことはできないので、回りくどいやり方で聞きます。「何年に卒業しましたか」「あの人とは友達ですか」「お子さんは何年生ですか」このようにさまざまなやり方で、年齢がある程度推測できると、その瞬間、年齢が上の年長者が少し大きなパワーを持つことになります。年長者はその時から、少しずつ口調がぞんざいになり、年下の人はそれに合わせて対応します。

こうして、序列のパワーは私たちの中にいつも存在します。パワーを離れて行われることはないと言ってもいいほど、人生のあらゆる面がパワーと関連していると考えることができます。

では、リーダーシップとパワーはどんな関係にあるのでしょうか。パワーのないリーダーは、リーダーではないということです。もちろん、ある人々はパワーに対してとても否定的な反応を示します。大概はパワーに傷つけられたか、否定的な認識が心の奥深くにあるためですが、だからといってパワーが存在しないのではありません。パワーは変わらずに存在します。すべてのリーダーがパワーを用います。間違ったパワーもあり、絶対的なパワーを間違って用いることもあります。それにもかかわらず、パワーのないリーダーはいません。パワーは人々を動かす力だからです。

パワーの定義

パワーをどのように定義するべきでしょうか。いくつかの定義を見てみましょう。

ラッセル（Russel）は「意図された結果をもたらす」（the production of intended effects）のがパワーだと言いました。ビアステッド（Bierstedt）は「力を使用することのできる能力」（the ability to employ force）と定義しました。ロング（Wrong）は「人々に対する意図的で成功的なコントロール」（the intended, successful control of others）をパワーだと言いました。ロジャース（Rogers）は「影響を及ぼすことのできる潜在力」（the potential for influence）だと言い、フォレット（Follet）は「事を起こす能力」（the ability to make things happen）だと言っています。

私たちはすでに、リーダーシップを影響力だと定義しました。それならば、リーダーシップのパワーは、影響を及ぼす方法、あるいは手段（Means to influence）だと定義することができるでしょう。だからすべてのリーダーはパワーを使用します。

マキャヴェッリの君主論

リーダーシップにおいてパワーをだれよりも先に扱っただけでなく、学問的に最も大きなイシューとなった人を挙げるなら、ニッコロ・マキャヴェッリでしょう。彼が書いた『君主論』(Il Principe, 一五一三年出版)から、リーダーのパワーに関する重要な理論を見出すことができます。

イタリアの君主に仕えたマキャヴェッリは『君主論』で、二つの重要なパワーについてこう語っています。それは、愛と恐れ(Love and Fear)に関してです。もちろん、彼のいう愛は聖書が語る愛ではありません。関係の中で欲しいものを与えて恩を施し、ついて来させるものです。そしてマキャヴェッリは恐れの例に、狐の狡猾さとライオンの強さを挙げました。強いライオンの前ではすべての動物が恐れて震えるように、君主も強い力で人々を恐れさせ、彼らを動かせ、ということです。また、狐の狡猾さを見習って、罠を見抜き、人々が願うものを与えて丸め込み、ついて来させるようにしろ、というものです。マキャヴェッリは、恐れと愛を同時に備えることは難しい、どちらか一つを選ぶなら恐れのほうがはるかにすぐれていると言いました。恐れられることは最も安全で確実なパワーであり、愛は最も弱いパワーだというのです。

書店に行くと、マキャヴェッリの『君主論』に立脚した本が数多くあります。「殺せ！　踏みつぶせ！　裏切れ！　剣で打て！　最高になるために最悪になれ！」これらはすべてマキャヴェッリの理論です。一冊の本がこのような内容に塗りつぶされていることに、憂慮を禁じ得ません。

　ところで、このような姿は実は私たちにもあります。「私によく仕えなければ、二度と足を踏み入れられないようにするぞ！」「私によく仕えてくれたら、しっかり後押ししてあげる」前者が恐れで人を操るケースなら、後者は愛（？）で人を操るケースです。私たちがよく言うむちとニンジンも、マキャヴェッリの『君主論』に根差しています。最近は、むちとニンジンを適切に用いることが賢い処世術だと言います。親が子どもによく使う方法もこれです。何かを上手にすれば子どもの願っていることをしてあげたり、買ってあげたりし、うまくいかなければ大切な何かを取り上げるかもしれないという恐れを与えるのです。

　列王記第一12章にはレハブアムの話が出てきます。ソロモンの子レハブアムが王位につくと、ヤロブアムがイスラエルの全集団とともにやって来て、「過酷な労働と重いくびきを軽くしてください」と願います。これに対してレハブアムは臣下たちに相談しましたが、意見は二つに分かれました。長老たちは「自由にしてやりましょう。そして親切なことばをかけてください。そうすれば人々はあなたについて来るでしょう」と助言します。一方、若い者たちは「もっと重くしましょう。ここで弱気になってはいけません。最初から確実に締め付ければ、反抗する気も失って文句を言わずについて来るでしょう」と助言するのです。結局、レハブアムはどうしたでしょうか。

王は荒々しく民に答え、長老たちが彼に与えた助言を退け、若者たちの助言どおり、彼らに答えてこう言った。「私の父はおまえたちのくびきを重くしたが、私はおまえたちのくびきをもっと重くしよう。父はおまえたちをむちで懲らしめたが、私はさそりでおまえたちを懲らしめよう。」(I列王記12・13―14)

むちくらいでは済まず、さそりで懲らしめるというのです。マキャヴェッリの『君主論』に立脚すれば、恐れを選択したのですが、これによって、イスラエルの国は南ユダと北イスラエルに分裂してしまいます。

このような問題は、私たちにもしょっちゅう起こります。家庭では新婚夫婦や嫁姑の争い、学校では学期の初めに起こる先生と生徒の葛藤など、いくらでも見つけることができます。生活に影響を及ぼす狐とライオンのパワーをだれもが持っていて、気づくと気づかないとにかかわらず、私たちはそのパワーを使っているのです。

マキャヴェッリのリーダーシップの問題

これまで見てきたマキャヴェッリのリーダーシップの問題は何でしょうか。

第一に、説明責任（accountability）がないことです。一方的な絶対権力なので、その権力を妨げる道がないということです。少しでも牽制される気配が見えれば殺し、手を尽くして完全に動けないようにしてしまう。だから独走するしかなく、非常に危険です。

第二に、人間に対して否定的な視覚を堅持していることです。何よりも、人を目的ではなく手段とします。自分の願いを果たすために人を利用します。まさかそんなことが、と思いますが、リーダーシップの領域ではこのようなことはよくあることです。

多くのリーダーがこう言います。「信じて任せられる人がいない。そういう人がいればいいのに……」。ところで、すぐ下にいる人々がどう言っているか知っているでしょうか。「ちゃんと育ててくれる人がいない。育ててくれさえすれば、本当に熱心に働くのに……」。このように話す下の人たちの心には、「私たちは果たして人なのか、手段なのか、目的なのか」という思いが根底にあります。

第三に、リーダーシップの間違った動機です。リーダーのパワーを、自分が願うこと、自分のために使っていることです。

私は地球村教会の主任牧師として赴任し、真に多くを学び、悟っています。つらくて大変なことも多いですが、その分、影響力を発揮できる領域も多くあります。一般的に、否定的なパワーの使い方は拒絶するべきであり、肯定的なものは大丈夫だと学んでいましたが、いざ今の立場になってみると、それが正解ではないことに気づきました。だれかが「私は自分に与えられたパワーを全部使ったことは一度もない」と言っていましたが、それが理解できました。肯定的なパワーだとしても、「いやここまででいいよ。大丈夫」「No thank you」と言える気持ちが必要なのです。そうでなければ、マキャヴェッリのように限界がなくなるからです。

二種類のパワー

パワーには二種類あります。関係のパワー（Personal Power）と地位のパワー（Positional Power）です。関係のパワーは、人々の願っているものを与えてついて来させるもので、別名、ニンジンリーダーシップです。地位のパワーは、自分の地位による恐れを与えてついて来させるものので、むちリーダーシップといえます。

実は、私たちはこの二種類のパワーを両方使っています。一つだけ使う人はおらず、大抵は二つを混ぜて使っています。それでも、自分が主に使っているパワーは何か一度問うべきです。むちとニンジンはなぜ問題なのでしょうか。むちのパワーの効果は確実です。しかし、むちがなくなれば人々は悪口を言い、離れて行きます。目の前にあるときは怖くて熱心なふりをしますが、むちがなくなった瞬間、心変わりをします。見えるときはよくやり、見えないときはやらない、怒られそうなら一生懸命にやり、そうでなければおざなりにするようになるのです。

ニンジンはどうでしょうか。もらって食べるときはちゃんとやります。充分にニンジンを与えていると、人々はもう動きません。ところが同じニンジンをずっと与えていると、人々はもう動きません。だれかがあっちでもっと大きいニンジンを与えているとなれば、裏切られます。だからニンジンのリーダーシップを持つ人は、ニンジンを与えながらも、いつも不安で信頼できません。

リーダーシップのパワーに対する聖書的な理解

イエスは、どんなパワーをどのように用いたのでしょうか。イエスは、恐れのパワーは用いませんでした。イエスは弟子たちに、恐れで人々を導くように教えませんでしたし、ご自分もそうはされなかったのです。

ルカの福音書9章を見ると、サマリヤ地方を通ったとき、イエスを受け入れない町がありました。そのとき、激しい性格のヨハネとヤコブが、天から火を下して彼らを焼き滅ぼしましょうと言いました。いわば思い知らせてやろうと言うのです。もし、イエスがそうしなさいと言って、天から火が下ってその町を焼き滅ぼしたと仮定してみましょう。翌日、「エルサレム・タイムス」の一面には、おそらくこんな見出しの記事が載っているでしょう。「イエスを受け入れなかった町、完全に焼ける！」。その後、どんなことが起こるか想像できます。イエスが行く所はどこでも、人々が「ホサナ、ホサナ」と叫ぶことでしょう。しかし、人々は喜んでそうするのではなく、恐れのゆえにするのです。

イエスはそんな弟子たちを戒めて、次の町に行きました。イエスがもし恐れを用いたなら、ものすごい奇蹟やしるしを行い、ユダヤの指導者たちや多くの人々を信じさせたことでしょう。しかし、そうはされませんでした。恐れは人の心までも本当に動かすことはできないからです。

イエスはまた、自分を信じさせるために人々の願いをかなえて丸め込んだりもしませんでした。イエスは人々を純粋に愛したのです。人々から何かを得たり、ついて来させたりするために愛を施されたのではないということです。

二匹の魚と五つのパンの奇蹟を見てみましょう。イエスは多くの人々に食べさせました。この世の人々は、とてつもなく大きなニンジンを与えたのだと言うでしょう。それによって人々はイエスを王にしようと押し寄せてきました。そのとき、イエスは何と言ったのでしょうか。人々が自分を捜しているのは信仰のゆえではなく、パンを食べたからだと言いました。そして、ご自分を王にしようとする人々を避けて、山に退かれたのです。イエスは人々が願うものを与えてついて来させることは、本当に人々の心を得ることではないことを知っておられました。

霊的パワー（Spiritual Power）を使いなさい

むちとニンジンでないなら、どうやって人々を動かすのでしょうか。霊性リーダーシップはどんなパワーを使うべきなのでしょうか。一言で言えば、霊的パワーです。霊性リーダーシップはたましいの力、霊的な力で人々の心を動かします。霊的パワーは次の三つを意味します。

敬虔な生き方

一つ目は、敬虔な生き方（Modeling Godliness）です。言い換えれば、神とともに歩む人生です。霊的パワーは牧師、神学生、宣教師だけのものではありません。これは至極単純です。家庭や職場など、私たちの現実にも霊的パワーが存在します。すなわち、敬虔な生き方です。

見えるところは敬虔であっても、その実を否定する者になるからです。こういう人々を避けなさい。（Ⅱテモテ3・5）

見えるところの敬虔ではなく、敬虔の実が重要です。神との深い交わりが生き方に、価値観に現れなければなりません。

ある人々は、これが果たして神を信じていない人にも通じるパワーなのかと疑問を持つかもしれません。そうではないと判断すると、彼らは人間的な方法に向かっていきます。ライオンの強さと狐の狡猾さに、です。

ところで、これは信じていない人たちもわかります。生き方に現れるからです。信じていない人々も敬虔な人を見れば、「神があの人とともにおられるんだなあ、あの生き方は私たちとは何か違うなあ」と感じるということです。敬虔な人は、つらくて大変なときに祈り、神がその祈りに応えてくださったと語り、あり得ないような状況でも信仰によって立ち、本当に困難な中でも感謝し、神に栄光を帰します。未信者たちは、自分の考えでは到底理解できないが、彼らの人生に何かがあるということを感知します。霊性リーダーの敬虔な生き方を見て、「何かが違う、あの人は神の近くにいるようだ」と感じ、その人に従いたいという思いになります。

前線で勤務する将軍に会ったことがあります。クリスチャンの彼は、毎日早天祈禱会に出席していました。初めは、違う宗教を持つ人たちからいろいろ言われたそうです。「将軍がなぜ早天祈禱会に行くのですか。不公平ではありませんか」。そんな声を聞くと、いつもこう答えたそうです。「キリスト教以外に、国と民族のために、明け方に祈る人がいますか。私には早天祈禱会が必要です。前線にいる隊員たちの安全のために、私が祈らなければだれが責任をとってくれるのですか」。その後は、周囲の人々の態度も、部隊内での将軍のリーダーシップの重さも変わってきたそうです。

神との深い交わりから出る聖い生き方、敬虔な生き方が、実です。見えるところの敬虔ではなく、敬虔の実、霊性パワーを慕い求めましょう。

神の能力

二つ目は、神の能力（Demonstration of God's power at work）です。神がその人を用いているのが見えます。その人がいるチームはうまくいきます。その人が祈って神に拠り頼んでいるからです。神がその人とともにおられるのが見えます。

能力とは次の三つを含んでいます。まず、生まれ持った能力（Natural born talents）と習得した能力（Acquired skills）です。人それぞれ生まれ持った能力があるかと思えば、学習を通して技術を得ます。霊性リーダーはここにもう一つ追加されます。それは、聖霊の賜物（Spiritual gifts）です。聖霊が神の栄光のために賜物をくださいます。聖書にははっきりと管理する賜物が出てきます。生まれ持った能力が足りない人も一生懸命努力すればいいし、神が賜物まで加えてくださるのですから、霊性リーダーシップとこの世のリーダーが比べものになるでしょうか。霊性リーダーには賜物（charisma）が注がれるので、その中で働く神の能力が現れるのは当然です。

主が家を建てるのでなければ、建てる者の働きはむなしい。主が町を守るのでなければ、守る者の見張りはむなしい。あなたがたが早く起きるのも、おそく休むのも、辛苦の糧を食べるのも、それはむなしい。主はその愛する者には、眠っている間に、このように備えてくださる。

（詩篇127・1—2）

このみことばを本当に信じるなら、口だけで「アーメン」というのではなく、実際にそのように生きなければなりません。このみことばを詳しく読んでみるといいでしょう。早く起きて遅く休む、つまり死ぬほど労苦するということです。ところが、そのようにして辛苦の糧を食べてもむなしいと言っています。努力だけではだめなこともあるということです。私たちもこのような経験がないでしょうか。どんなに労苦し、骨を折り、努力してもうまくいかなかったことが一瞬のうちに開かれる経験、この世の人々はそれを運だと言いますが、クリスチャンはそれを、祈りの答えであり、神がなされたことだと言います。

このように、神がすでに私たちにすべてをくださっているのに、教会に来ては「信じます」と言い、外に出ては信仰の代わりにこの世の方法でどうすれば競争に勝てるか、と悩むのですから、いつもうまくいかないのです。神は決してそのようなことを願ってはおられません。神は、神がすでに私たちに与えているものを持って、信仰によって世に出て行き、良い影響を及ぼすリーダーとなることを願っておられます。そうすれば神は賜物を与えてくださり、真実で誠実に事を果たさせてくださいます。当然、結果は良いものであり、豊かな実を結びます。神の能力が生活の中に現れるのです。フォロワーたちはそれを見るでしょう。

神とその目的に関する理解

三つ目は、神とその目的に関する理解（Knowledge of God and his purposes）です。人々が霊性リーダーに従う理由は、リーダーが神の計画を自分たちよりも知っているからです。他の言い方をすれば、ビジョンがあるということです。リーダーが共同体に対する神の目的と方向を知っているので、フォロワーたちは信じてついて行きたがります。

霊性リーダーは神を知り、自分を知り、状況を知らなければなりません。ところで、神がこれらをすべて悟らせ、理解させてくださいます。神が私たちの人生を治められます。人の心を知り、すべての状況を知っておられる神が、私たちの共同体に対し、会社に対し、チームに対し、家庭に対して、どのように進むべきか、何が重要かを示し、悟らせ、教えてくださいます。これがビジョンであり使命です。

神は、多くの人の心を知って動かします。すべての状況を主権的に導いてくださいます。このことを信じる霊性リーダーは、神と共同体に対する神の目的を見ることができます。神が知恵と英知をくださるからです。状況や事の次第を神の目で理解することが英知であり、それを悟るのが知恵です。

この世の中心で卓越した霊的パワーを発揮した代表的な人物がヨセフです。ヨセフは牧会者ではありませんでした。預言者でも宣教師でもありません。彼は至極平凡な、教会でよく言う平信徒だといえます。前に、霊性リーダーシップは教会内に限られず、牧会者や宣教師たちのリーダーシップに限定されるものでもないと述べましたが、ヨセフこそ、それを最もよく示してくれるでしょう。

ヨセフの人生の中に現れる霊的なパワーは、神との深い関係から出ています。創世記39章には、神がヨセフとともにおられるという表現が何度も出てきます。パロの侍従長ポティファルに売られたヨセフが、彼から信頼されたのもこのためです。

主がヨセフとともにおられたので、彼は幸運な人となり、そのエジプト人の主人の家にいた。彼の主人は、主が彼とともにおられ、主が彼のすることすべてを成功させてくださるのを見た。それでヨセフは主人にことのほか愛され、主人は彼を側近の者とし、その家を管理させ、彼の

全財産をヨセフの手にゆだねた。（創世記39・2―4）

神がヨセフとともにいて、うまくいくようにされたのです。周囲の人々の目にもそれが見えるほどでした。ヨセフは奴隷として売られましたが、信任を得てポティファルの全財産を管理する者に抜擢され、その後、神はヨセフのゆえにポティファルの家を祝福されました。ヨセフ自身だけでなく、ヨセフがすること、さらにはポティファルの家と野にある全財産まで神の祝福を受けたのです。神がヨセフを用いられ、神の能力が彼とともにあったのです。

後に、ポティファルの妻のことで監獄に入れられたときも、神はヨセフとともにおられ、恵みを施して看守長の心にかなうようにされました。看守長は、監獄にいるすべての囚人をヨセフの手にゆだね、それが何であれ、干渉しないほどヨセフを信頼しました。パロの献酌官長と調理官長が監獄に入れられたときに、その世話をしたのもヨセフでした。ある日、彼らが夢を見て、それを解き明かすことができずにいらいらしているとき、ヨセフは夢の解き明かしは神がなさることだと言って解き明かしてあげました（創世記41・15―16）。実際に、ヨセフが解き明かしたとおりのことが起こり、これは後日、パロの夢を解き明かし、ヨセフが一躍エジプトの宰相になる出来事につながります。

霊性リーダーは神の御心、言い換えれば、神のビジョンを知り、人々に話すことができる人です。霊的なことを行う人が霊性リーダーなのではなく、霊性をもって生活の中で影響力を発揮する霊的パワーを持つ人が霊性リーダーです！　つまり神と同行する者、神の能力を着る者、神の御心を知る者です。

霊性リーダーシップは、信者だけでなく信じていない人々にも有効です。私はポティファルとその家にいた人々、看守長やそこに収監されていた囚人たちが神を知っていたとは思いません。それにもかかわらず、彼らがヨセフを認めて信頼することができたのは、彼が霊的パワーを発揮したからに違いありません。霊性リーダーシップは、ついて行きたいリーダーシップ、認めて信頼できるリーダーシップ、変化させることができるリーダーシップです。私たちは霊性リーダーとして、人々を動かす霊的パワーを、教会ではもちろん、家庭や職場で発揮することにより、ヨセフのようにこの世の中心に立つことができなければなりません。

神はクリスチャンたちが教会の中にだけとどまることを願ってはおられません。主は私たちが世の光、地の塩になるように、とてつもない資源とパワーと祝福をくださいました。ところが私たちは主がくださったものを教会の中だけで用いて感謝し、教会にとどまろうとしてばかりいます。神の人々は自由であるべきです。神がくださったリーダーシップの影響力を、教会の外で解き放たなければなりません。イエスも城門の外で十字架にかかられたではありませんか。ですから私たちも城門の外、教会の外に出て行きましょう。神は私たちを通してこの世を変え、民族をいやすことを願っています。クリスチャンは光、塩として世の中に出て行き、あらゆる国の人々を弟子とし、エルサレムとユダヤ、サマリヤ、および地の果てにまで、イエス・キリストの証人とならなければならないのです。

ここで少し立ち止まって、質問してみましょう。果たして、あなたはどんなパワーをよく使っているでしょうか。人々との関係で、働いている場所で、どんなパワーを使っているでしょうか。人々があなたについて来る理由は何でしょうか。

リーダーシップの権威（Authority）

霊的パワーは霊的権威から出ます。権威はパワーを使うことのできる資格と権限です。簡単に言えば、パワーを使うことのできる権利（The right to use power）を権威と言います。パワーは影響力を発揮する力や手段であり、リーダーシップはパワーを通して現れる影響力です。

人々はしばしば、権威と権威主義を混同します。権威は資格や権限です。権威主義は、あることについて、権威を主張したり盲目的に権威に拠り頼んで解決しようとしたりする行動様式です。権威を誤って使えば権威主義になりますが、人々は権威主義に対してとても否定的な考えを持っています。そのため最近は権威までも揺らいでいます。逆に考えれば、今はパワーよりも権威が重要になったと言えます。以前は権威がなくてもパワーで押し切りましたが、今は権威のないパワーは力がありません。権威からリーダーシップへの信頼がわき起こるからです。

権威は上から与えられる権威と、下から与えられる権威があります。私たちは上から与えられるものだけを権威だと考えがちですが、ついて来る人々からもリーダーに与えられます。つまり、この二つがそろってはじめて真の権威だということです。だから権威は与えられるものです。これが霊性リーダーシップの権威です。権威には責任が伴い、権威には信頼がなければなりません。

五つの権威

マックス・ウェーバーが語った三つの権威に、私は二つを加えて、五つの権威について語ろうと思います。

一つ、伝統的な権威です。王権のように世襲されてきた権威です。最近は、タイのような王政国家でなければ見られません。事実上、今はほとんど存在しない権威です。

二つ、合法的（合理的）権威です。法的に与えられた権威です。会長、副会長、総務など、組織内の地位が与える法的な権威を考えればよいでしょう。

三つ、カリスマ的権威です。マックス・ウェーバーは、神学者ルドルフ・ゾーム（Rudolph

Sohm）のカリスマに関する話を聞き、これを借用して社会・政治的領域に通用する概念を作りました。カリスマは、もともと「賜物」という意味ですが、ウェーバーは「一個人が普通の人と区別される資質、あるいは超自然的、超人間的な力、例外的な特別な資質」と定義しました。

四つ、専門的権威です。ある分野の専門家に与えられる権威で、専門的な知識や技術が、そのことに関する権威を認めてついて来させるのです。

五つ、霊的権威です。これは先のカリスマ的権威のもともとの聖書的な意味だと考えればよいでしょう。霊的権威は神がくださいます。それなら、霊的権威はどのように現れるのでしょうか。リーダーの人生の中で神との深い霊的交わりを通して、その人生に現れる霊的な働きと実を通して現れます。

霊性リーダーは最後の二つの権威を持つ者です。専門性の権威と霊的な権威です。上から与えられ、下から得られる権威で霊性リーダーはパワーを発揮し、影響力を及ぼします。

パワーに対する二つの視点

パワーをどのように見るべきでしょうか。一般的な捉え方について、スティーブン・コヴィーの主張を通して見てみましょう。彼は、欠乏の視点と充足の視点があると述べています。

欠乏の視点

パワーには限りがあるというものです。十なら十、このように限られていて、パワーをだれかに分ければ、自分のパワーが少なくなるということです。欠乏の視点を持つ人は、与えられたパワーを決して分け与えることができません。もしだれかがそのパワーを欲しがって近づいてきたら、粛清してしまいます。欠乏の視点を持つリーダーはいつも不安です。だれかが自分のパワーを狙っているのではないかと不安で、目下の人たちが少しでも人気があれば、自分のパワーが減るのではないかと、戦々恐々します。

サウルは千を打ち、ダビデは万を打った、という歌を聞いたサウルはどうしたでしょうか。パワーに対して欠乏の視点を持っていたサウルは耐えられず、結局、ダビデを殺そうと追い回しました。欠乏の視点を持つ人は、他の人を信じられません。だれもが競争相手です。信じるとすれば血族だけです。だからニュースを見ると、権力者の不正は親族と関わっていることがよくあります。

欠乏の視点を持つリーダーの下にいると、とても大変です。そのような人の下では、自分の実力を見せてはいけません。当然、共同体や組織がきちんと回っていくはずもありません。また、このようなリーダーは自分の座を奪われるのではないかと恐れて、人を育てることができないのです。それでも唯一育てることができるのは息子であり、親族です。だから世襲になります。もちろん、それでも相変わらずパワーが減るのではないかと心配したりします。

充足の視点

パワーはまるで空気のように無尽蔵だというのが、パワーに対する充足の視点です。パワーを分け与えてもパワーが減るのではなく、増していくと考えます。したがって、充足の視点を持つ人は、しょっちゅうパワーを分けようとします。

ある会社に非常に能力の優れた専務がスカウトされたとしましょう。充足の視点を持つ社長ならば、素晴らしい人を連れて来たと喜ぶでしょう。周囲の人々も、どこからこんな人を連れて来たのか、このような人を連れて来ることができるあなたも素晴らしいリーダーだと称賛するでしょう。結局、そこに良い人たちが集まります。

反対に、欠乏の視点を持つ社長ならスカウトをためらったはずです。その人を連れてきたら、人々が自分よりその人の言うことを聞くだろうし、そうなれば自分の立場が危うくなる、ということです。結局、その人は自分よりも良い（優れた）人を連れて来ることができません。求人をしても自分よりはできない人、自分の言いなりになる人だけを選ぶようになります。当然、その共同体は成長することができません。

私たちは充足の視点より、欠乏の視点に慣れています。絶対評価ではなく相対評価、何点かよりも何等かが重要な時代を生きてきたからです。競争を当然だと考える文化を享有してきたからです。スーパーで買い物をしていても、向こうから「安売りだよ！　安売り！　あと十個だよ！」という声が聞こえると、突然、人々は動揺します。カートの動きを感じた瞬間、なぜか自分も参加しなければならないような雰囲気に巻き込まれて矢のように走って行きます。実際は、どうしても必要なものではないのに、そのように生きています。早く行かなければ競争に負けるように感じるのが、欠乏の視点です。私たちはこれにあまりにも慣れ過ぎています。

私たちのリーダーシップも同じです。欠乏の視点があふれている文化なので、パワーを分かち合うことができません。まるでツボの中のカニのように、互いに出られないようにつかみ合っている状況です。人を立て、育て、うまくいったら一緒に喜ぶべきなのに、そうできません。

力を与えるリーダーシップ

霊性リーダーシップは、パワーに対して欠乏の視点ではなく、充足の視点を持ちます。人々に力を与える（empowerment）のです。力を与えることは、すなわち責任を分け与えるという意味です。あるリーダーは、責任だけ分け与えて力を与えませんが、それは人を殺すことです。

責任を分けるなら、力も分けなければなりません。充足の視点がなければ、力を分け与えることはできません。

力を与えるリーダーシップは、権限を分け与えます。また、モデルになります。韓国でモデルになれるほどの人は、ほとんど自分の力で成功した人たちです。実に素晴らしい方々ですが、彼らはメンタリングを行ってきていないため、人々を育てることができません。だから人々が訪ねて来て、育ててほしいと言うと、「苦労しなさい。私もそうして成功した」と答えます。もしかしたら、これが私たちのリーダーシップの限界かもしれません。素晴らしいリーダーシップを持っていても、リーダーシップを交代しなければならないとき、問題が生じるのもこのためです。

力を与えるとは、訓練し、情報を伝え、フィードバックをするという意味です。メンタリングをすると言いながら、放任していることがあります。また、反対のケースもあります。自分がすべてやってしまうのです。私たちは両極端に走ることが多いのですが、真のリーダーは、その人が成長できるようにしなければなりません。そのためには当然、時間と努力が必要です。また、その人々を認めることも良い方法です。認めるとき、内輪だけでよくやったというのではなく、対外的に、公式的な場で認めるのが重要です。韓国人たちはあまり称賛したり認めたりしないほうです。よくやったと言って高慢になることを心配し、良くやればやるほど、その次の目標を告げるのが称賛だと考えています。しかし、そうではありません。

アメリカのあるＣＥＯは、個人の小切手を持ち歩き、社員たちに与えるそうです。小切手はサインをすると効力を持つのですが、称賛するようなことがあると、そこに五ドルと書いて社員たちに与えるというのです。すると社員たちは、それを現金化しないで額に入れておくそうです。五ドルの額面の小切手ですが、リーダーの称賛がサインされているので、額面よりはるかに大きな価値を持つのです。

信頼するということも、力を与えることです。時には、本当に頭を悩ませる人がいます。その上、能力もありません。それでもその人を信頼し、待ち、祈り、相談にのり、励まさなければなりません。もちろん、それがどれほど大変なことか、よくわかります。

ずいぶん前のことです。聖餐式のある日曜日でしたが、若い教役者の服装がひどかったことがありました。あまりにも見ていられなくて、過ちを教えるためにメールを送りました。ですが、彼が傷つくのではないかと気軽に送ることができず、五回も書き直した記憶があります。

老子の『道徳経』一七章を見ると、指導者の四つの類型が出ています。

最も水準が低い指導者は、民がその人を指さして悪口を言い、その次の水準の指導者は力で治めようとするので民が恐れ、それよりましな指導者は民が親近感を抱いてほめます。ところが、最も優れた指導者は、民が、指導者がいることすら知らず、何かを成し遂げたら自分たちがやったのだと言うようにします。これが、力を与えること（empowerment）、すなわち権限を分け与えることです。

私たちの教会ではインターンシップを行っています。通常、十名ずつ選んで来てもらうのですが、期間中に私は二、三回食事をともにします。牧師たちは交代で講義をします。一度、食事をしながらそのプロセスについて説明したところ、ある人がこう聞いてきました。「私たちに何を求めていますか」。自分たちにこんなによくしてくれて、いったい何を願うのかと聞かれたのです。私は答えました。「何もありません。皆さんのためです！（Nothing! It's for you.）」

副教役者リーダーシップ・セミナーを行ったときも、似たような質問を受けました。一日中講義をした私に、他の教会の副牧師が何人か来て、尋ねました。「地球村教会のお手伝いなど一つもできないのに、なぜ先生は初めから最後まですべて講義をしてくださったのですか」。私の答えはそのときも同じでした。「それは、皆さんのためです！（For you!）」

私たちにゆだねられた人々が育ち、成長することが、リーダーシップの目的です。心を開けば相手も心を開き、気にかければ心が動きます。

04

霊性リーダーシップの召命

リーダーは神の訓練によって使命を果たしていく

1

2
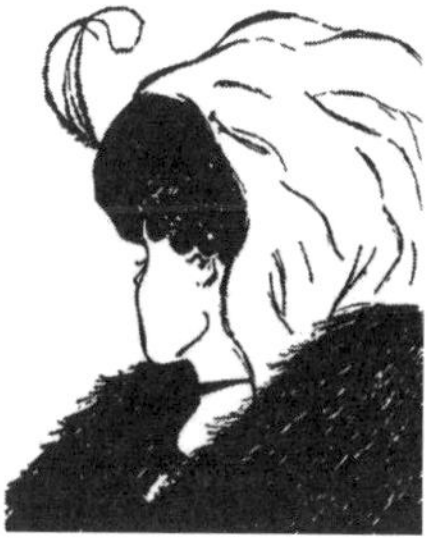
3

1 ウサギとカモ
(ジョセフ・ジャストロー)

2 若い女性と老婆

3 天使と悪魔　天国と地獄
(M・C・エッシャー)

観点がリーダーシップの違いを作る

上の絵を見てください。何が見えますか。最初の絵にはウサギとカモ、二つ目の絵には老婆と娘、三つ目の絵には天使と悪魔がいます。すべて見えるでしょうか。同じ絵なのに、どのように見るかによってカモにもなりウサギにもなります。老婆にもなり娘にもなるし、天使にもなり悪魔にもなります。

私たちはこれを観点(Perspective)の違いだと言います。だれかが私に、リーダーシップで最も重要なものは何かと問うなら、私は一瞬の迷いもなく、リーダーシップの観点だと答えるでしょう。リーダーとフォロワーの違いは、どのように見るか、の違いです。平凡なリーダーと卓越したリーダーの違いは、より優れた観点の違いだと言えます。

ある勧士がこんな話をしているのを聞いたことがあります。「○○さんの家に行ったら、土地が全部お金だった」。よく聞くと、イチゴ畑を指してそう言っていました。その方はイチゴを売る人なので、イチゴが全部お金に見えたのです。靴磨きをする人は靴が、ヘア・デザイナーは髪の毛が、建築する牧師は教会の建物がまず目に入ってきます。

以前奉仕していた教会であった出来事です。信徒の一人が、私を見るといつも、服に何かがついている、ボタンが取れていると言うので、私はその人が私のことを嫌いなのだと思いました。ところが、後に、その人が私にこんなことを言うではありませんか。「先生、私はクリーニング屋を数十年やっているので、そういうことばかり目につくんです」。これが観点です。

「教会」をギリシャ語で「エクレシア」と言います。エクレシア（ecclesia）は「外に」という意味の「エク」（ek）と「to call（召す）」という意味の「カレオー」（kaleo）が合わさったことばで、「外に召し出された」という意味です。つまり、神が罪から、地獄から、この世から召し出された人々の共同体が教会なのです。

だからでしょうか。私たちは祈るとき、私たちを救ってくださった神に感謝をささげます。

もちろんそれも重要です。しかし、見逃してはならないことは、「神が私たちを救い出した目的は何か」ということです。どこから召し出されたのかも重要ですが、なぜ、召し出されたかも見過ごしてなりません。残念なことに、多くのクリスチャンは後者についてあまり関心がないようです。なぜ自分を召してくださったのか、神に尋ねて答えを得るべきなのに、そうしないでいます。だから神の召しを半分しか理解できず、自分に対する神の御心が何かに対する明白な答えを知らない場合が多いのです。

それなら、霊性リーダーはどうやってリーダーになるのでしょうか。霊性リーダーはどのように神の召し（destiny 宿命、召命）を見ることができるのでしょうか。それは、リーダーシップの視点です。

リーダー、作られるのか、生まれつきか

リーダーの誕生に関して、大きく二つの理論があります。一つは、リーダーは生まれつきだというものです。しかし、よく考えれば、リーダーの資質をもって生まれたとしてもリーダーになれないまま生涯を終える人もいます。そこで、もう一つは、リーダーは作られるという主張です。「チャンスに会えば英雄になれる。立場が人を作る」。このようなことばはこの主張を

裏付けます。しかし、どんなに立場を作っても、リーダーになれない人は、結局なれません。

人々はこの問題を巡って今でも甲論乙駁《こうろんおつばく》しますが、正解はありません。いや、あえて言えば、どちらも正解です。しかし聖書は、これに対する明らかな答えを提示しています。それは、神がリーダーを作り、立てるということです。権威を作り、立てる方は神だからです。

それなら、私たちはこのような質問をしなければなりません。神は、私がリーダーになることを願っておられるのだろうか。ある時は、この質問自体がとても負担に感じます。ある人々は自分をリーダーではないと考えるかもしれません。統括する賜物もなく、素直過ぎる性格で、素質もないし、弾けることもできないのでリーダーの器ではないと考えます。ここで少し振り返って整理してみましょう。リーダーシップを定義するとき、「影響力」だと述べたことを覚えているでしょうか。リーダーシップは影響力であり、その影響力とは、相手に肯定的な価値を与えるものであると述べました。それでは、もう一度聞きます。神は私たちがリーダーになることを願っておられるでしょうか。答えは言うまでもなくイエス（yes）です。神は私がリーダーになることを願っておられます！

もはや、自分にリーダーの素質があるかどうかを悩む必要はありません。神は今いる場所でリーダーとして影響力を発揮するようにと願っています。神がくださった賜物と潜在力を、神が造られた意図どおりに発揮し、最大の影響を及ぼす素晴らしいリーダーになることを願っているのです。

これを牧会している私に適用するとこうなります。牧会とは何でしょう。それは神が私にゆだねている信徒たちが、その生活の現場で神がくださった賜物と潜在力を神の創造の目的にふさわしく発揮し、最大に影響を及ぼす人になるように助け、訓練し、励まし、導くことです。今まで私たちは、信徒個々人より教会が重要でした。しかし、健全な教会より重要なのは健全な信徒です。教会がどれほど大きいか、どれほど多くの人が集まるか、どれほど良いシステムを備えているかということより重要なのは、神の召しを受けた信徒が各自の場所で神の意図と導きどおりに影響を及ぼし、潜在力を思い切り発揮しているか、です。それが、聖書が語る真の教会であり、神の御心であり、目的です。

リーダーはどうやって作られるか

では、私がリーダーになることを願う神は、私をどうやってリーダーにされるのでしょうか。神はあらゆる出来事とあらゆる出会い、あらゆる状況を用いて私をリーダーとして練られます。人生にはさまざまな出来事があります。それらは私たちに影響を与えます。出会いも、状況も同じです。ところで、重要なことはあらゆる出来事や出会い、状況がすべて肯定的ではないということです。本当に起こらなければよかったのに、という出来事があるかと思えば、とても良い出来事が起こることもあります。その人に出会わなかったらどうなっていたかというような出会いもあれば、あいつにさえ出会わなければ私の人生はどれほど良いものになったか、という出会いもあります。神は人生に起こるあらゆる出来事と出会いと状況、時には肯定的でもあり否定的でもあるそれらすべてを通して、私たちをリーダーに変えていきます。私たちが生きるこの世に良い影響を及ぼすリーダーに変えてくださいます。

リーダーがリーダーになる過程を見ると三つの要素があります。一つ目は影響圏。つまり、影響を及ぼす出来事や人、状況を意味します。すでに述べたように、肯定的であれ、否定的であれ、私たちの人生にいろいろなことが起こり、影響を及ぼします。二つ目はそれに対する私たちの反応です。そして最後に時間。結局、これらすべてが合わさってリーダーが作られます。

霊性リーダーには、すべての出来事と出会いと状況を治める方が神であるという視点があります。神の主権が人生を導き、結局、すべてのことは私たちを神の願うリーダーにするための神の計画であり、プロセスだと考えます。そのようなわけで、時には苦痛で、悲しく、苦しいとしても、それが自分をより優れたリーダーにしたいと願う神の訓練なのだということがわかります。ですから霊性リーダーは一瞬、一瞬、このような質問をしなければなりません。

「この出来事が、どうやって私をより優れたリーダーにするのだろうか」

「この出会いが、どうやって私をより優れたリーダーにするのだろうか」
「この状況が、どうやって私の潜在力をさらに開発するのだろうか」

同じ苦しみを経験しても、反応は人それぞれです。ある人は苦しみの中にはまり込んで、いつまでも苦しんでいる一方、ある人は苦しみに打ち勝ち、自分と同じ苦しみに遭っている人々に仕え、助けています。離婚の痛みを克服できずにさまよう人がいる一方で、それを踏み台にして立ち上がり、自分と同じ境遇の家庭を顧みる人たちも多く見てきました。そのことを通して、さらに献身し、成長するのです。

状況も同じです。ある人はとても良い家庭に生まれ、人生に大きな困難もなく、順調でうまくいっているので、人々はその人はとても立派なリーダーになるだろうと考えます。ところが、どうしたことでしょう。皆の予想を裏切って、むしろすべてにおいてダメになることがあります。それとは正反対の場合も少なくありません。家庭の事情がとても大変な家で生まれ、ありとあらゆる苦労をしても、とてもりっぱなリーダーに成長した人も多いでしょう。

ヘブル人への手紙13章7節は「神のみことばをあなたがたに話した指導者たちのことを、思い出しなさい。彼らの生活の結末をよく見て、その信仰にならいなさい」と語ります。英語の聖書（NIV）では「Remember your leaders, who spoke the word of God to you. Consider the outcome of their way of life and imitate their faith.」とあります。つまり、リーダーを覚え、その生活を見て、信仰を見習うようにと言っているのです。

このみことばのように、リーダーの生活をよく見ると、そこには出来事があり、出会いがあり、状況があることがわかります。肯定的なこともあり、否定的なこともありますが、それを通してその人は成長し、ついにはリーダーになりました。自分が出会う出来事や環境や状況をどんな視点で見るかによって、神の目的と召命を悟ることもできるし、そうできないこともあります。重要なことは、それを悟った霊性リーダーと、そうではないリーダーは天と地ほどの違いがあるということです。

それならば、どのように悟ることができるでしょうか。私たちは果たして、どんな観点で自分の生活を見るべきでしょうか。簡単に説明すれば、一人の人の誕生から死まで、人生の周期ごとの出来事や出会いや状況を見つつ、神の導きを見出すこと、と言えます。言い換えると、今までの人生を振り返り、神が私をリーダーとするためにどんなことをしておられたかを探し、信仰の視点で自分の人生を眺め、召命を発見する時間だということです。

この過程が重要な理由は、これによって人生の大きな絵を見ることができるからであり、また、人生の最後の絵を見ることができるからです。神が私たち各自に対して持っておられる大きな絵と最後の絵が何か、あらかじめ見ることができるなら、どんなことが起こるか、期待できるのではないでしょうか。

四つの類型のリーダー

聖書に出てくる人物と私たちの人生を分析すると、リーダーは大きく四つの類型に分けられます。

風とともに去るリーダー

この類型のリーダーは、一時は非常にうまくいきますが、ある瞬間、風とともに去る人です。その時は確かに頭角を現したのに、今はどこで何をしているのかわからない。途中で風のように存在感も消え、いなくなってしまったのです。

やかんの中のカエルのようなリーダー

熱い湯にカエルを入れれば、すぐにピョンと飛び出して来ます。しかし、ぬるま湯にカエルを入れて徐々に温度を上げると、出て来ずに死んでしまいます。やかんの中のカエルのようなリーダーも同じです。成長のないリーダーは、実際にはゆっくり死んでいき、その影響力も徐々に衰えていくのに、リーダーは自分が死んでいくことを知りません。

途中下車した大蛇《おろち》型リーダー

登竜門、昇り竜、竜眼などのことばからもわかるように、韓国人は竜を好みます。ところが、竜と似ていますが、竜になれなかった大蛇《おろち》がいます。大蛇は相当な霊力もあり、それなりに力を示すとされます。しかし、結局、如意宝珠《にょいほうじゅ》をくわえて飛ぶことができません。途中下車した大蛇型リーダーは、竜になることもできたのに途中で問題が起こり、結局大蛇で終わる人です。

最後まで影響力を発揮するリーダー

残念なことですが、この類型のリーダーはそう多くいません。ほんの十パーセントほどが最後まで影響力を発揮するようです。私たちの周りでも、最後まで美しいリーダーはなかなか見られません。歴代の大統領を見ても、聖書に出てくる人物を見てもそうです。あんなにも尊敬されていた人が最後になって「なぜあんなことをしたのかわからない……」と言うのを聞くケースも多くあります。大概はパワーの問題、名誉の問題、お金の問題などが露見するからです。

何度も繰り返しますが、リーダーは影響力です。前にも述べたように、影響力は、どれほど多くの人に、どれほど深く、どれほど全人格的に行使されるかによって評価できます。ところが大抵の場合、影響力と言うと「どれほど多くの人に」だけを考えます。年を取って引退すると、影響力は少しずつ衰えるものです。その時は影響力の深さや全人的な行使に移らなければなりません。つまりどれほど多くの人に影響を及ぼすか、ということから抜け出し、少数であってもどれほど深く、どれほどその人の人生に広範囲に影響を及ぼすか、を悩むべきなのです。

問題はそれが思ったようにはいかないことです。かなり多くのリーダーが、晩年になってもより多くの人に影響を及ぼそうと努力しているのを見ることがあります。これは既得権を手放そうとしないことであり、そうすればするほど問題が大きくなって権力闘争に発展し、最後までちゃんとやり終えることができないのです。

教会学校で少年ビリー・グラハムを教えた教師は、テレビでビリー・グラハム牧師が説教する姿を見てどれほどうれしかったことでしょう。「私があの子の師だ」と叫びたかったのではないでしょうか。「深い」影響力を与えるための練習をしないならば、そして「深い」影響力を重要な価値だと考えないならば、多くの人に発揮する影響力に埋もれて、深い影響力を発揮することができないリーダーで終わってしまう可能性が高いのです。

では、どうすれば最後まで影響を及ぼすことができるのでしょうか。自分の人生の最後の絵（end view）をあらかじめ見ることができたなら、現在の人生をより意味深く送ることができるでしょう。また、大きな絵（big picture）を見ることができれば、未来のリーダーシップを準備することができます。

霊性リーダーシップ、どのように発達するか

フラー神学校のロバート・クリントン（Robert Clinton）教授は、リーダーシップの発達過程を大きく六つに分けました。リーダーシップの基礎を立てて、リーダーシップを形成し、訓練し、成長し、集中し、最後にフィナーレです。この過程を見ることは、私たちの人生の大きな絵と最後の絵を見ることと同じです。

私たちはこの過程を通してリーダーシップの品性が育ち、リーダーシップの技術が伸び、リーダーシップの価値が成長することを期待できます。また、リーダーとしての自分のあらゆる潜在力を遅滞なく開発することができます。「自分はこの過程にいるんだな」と気づけば、何をどのように開発すればよいかがわかります。さらにリーダーシップの各段階には、これこれが必要であり、今この地点に来ているから、ここではこれらを学び、開発しようということがわかるのです。

それだけではありません。危機のときにも、リーダーとして自信をもって決定することができるのです。重要な瞬間、どうすればいいかわからないときも、それが危機ではなく一つの過程だということを悟り、さらに自信をもって決定することができます。なぜなら、霊性リーダーは、神が人生全体を通して一人ひとりを優れたリーダーにしていく過程を見ることのできる

視点があるからです。

リーダーが集中する態度を通して多くの実を結ぶということも、この過程で得られる有益なものです。自分が今どこにいるかがわかれば、その段階で学ぶべきことに集中することができ、成長して次の段階に進み、さらに多くの実を結ぶことができます。

最後に、リーダーとして最後まで立派な影響力を発揮し続けることができます。神が自分をリーダーに作り上げる過程を知っているなら、今の段階で終わるのではなく、次の段階があることがわかり、ここまで導いてくださった神が次の段階でも導いてくださることを信頼して、最後まで信仰をもって進むことができます。言い換えれば、最後までちゃんとやり終えることができる確率が高くなります。

私たちはこのことを通して、自分をリーダーにしてくださった神の摂理を体験します。過去には自分をリーダーにするために働かれた神のみわざを体験し、現在が自分のリーダーシップ開発のための過程であることを体験し、未来にも自分を用いたいと願われる神の恵みを体験します。

小学校低学年のとき、ピアノを習ったことがあります。ある日、先生がこう言いました。

「手を止めずに、自然に動かさなきゃいけないのに、あなたはしょっちゅう行ったり来たりするね。あなたにはピアノの素質はないみたい」

私はそのことばでピアノのレッスンを辞めました。しかし、弟たちと一緒に習っていたので、その時間、他のことをしなければなりませんでした。そのとき選んだのが弁論術です。当時、演説の主題は一つでした。反共！

「……この弁士が、北に向かって力いっぱい叫びます！」

徹底した反共意識をもって、北の地の同胞たちに向かって「共産党は嫌いだ」と、どれほど熱心に叫び、練習したかわかりません。とってもやりたくなかったのに、成績はよかったです。ラジオ放送にも出演し、優勝旗も手にしました。

考えてみれば、このとき弁論術を学んだことが、今の私の牧会の働きにどれほど大きな助けになっているかわかりません。聴衆が共感したり、説教のときにただ大声を出すのではなく、心で感じ、それを一緒に分かち合えるようになれたことが弁論術を学んで有益だったことです。もちろん、そのときは本当に苦しいものでした。幼かったのですが、弁論術を学びに行くと、原稿もお金を出して買わなければならず、大会に出るときもお金を出し、さらにはトロフィーもほとんどお金を出して受け取るような感じでした。ところがある瞬間、振り返ってみると、「ああ、神様がこの状況と出来事を通してこのように備えてくださったのだ！」と悟り、それまでの点が線につながったのです。

「神が私を影響力のあるリーダーにするために、私の人生ですでに働いてこられたのだ！」

召命を発見したのです。そしてそれで終わるのではなく、その線がさらに続いて「神がここまで導いてくださったのだから、これからも神が働いてくださり、導いてくださる」という確信が得られました。その日以後に起こった出来事や出会いや状況をこのような信仰の観点で見るようになったので、楽に乗り越えることができました。実際に何の困難もなかったという話ではありません。つらいこともありましたが、それで「もういやだ」「どうして私にこんなことが起こるのか」と恨んで嘆く代わりに、「神が私を影響力のあるリーダーとして訓練しておられる過程なのだ」と認識し、困難を克服してきました。これを見ることのできる霊性リーダーとそうではないリーダーの違いがどれほど大きいか、もう説明しなくてもわかるでしょう。

また神は、私を通して他の人をリーダーとして立てることを願っておられます。自分の発達過程を知れば、他の人々、すなわち自分が導くべき人々の過程も目に入り、その人々を助けることができます。「この人はこの段階だな。それなら、この状況で私はこのように助けることができそうだ」。結局、リーダーをリーダーにする過程にいると、彼らとともにいるようになります。さあ、それでは、リーダーシップの成長の六段階を一緒に見てみましょう。

第一段階　リーダーシップの基礎

おおよそ、生まれたときから小学校入学までの時期です。これは個人によって違います。なぜならリーダーシップの発展段階は、各自の出来事と出会いと状況に対する反応によって区分するからです。この時期は、性格が決定され、感情や態度、関係などが多く左右されます。神は私たちをリーダーとするために、すでに基礎を築いておられます。

宿命の準備

事実、神は私たちが生まれる前から準備していました。聖書を見ると、「神は私たちを世界の基の置かれる前から彼にあって選び」「主は、生まれる前から私を召し」のようなみことばがあります。何となく語られたことばではなく、神が実際に、すでに私たちを準備しておられたということです。どんなものがあるでしょうか。

①名前

私に名前を付けた人がいます。名前の意味も教えてくれ、愛情を込めて祈ってくれます。名前を付けた人が亡くなっていて、一度も会ったことがないという人もいます。しかし、生まれてからその名前を付けた理由を何度となく聞いたのか、私たちは自分でも知らないうちに「名前にふさわしく生きよう！」と決心します。名前が人生に重要な影響を与えるのです。そして「おや、本当に名前のとおりになっているな！」とびっくりすることがあります。

②祈り

「お母さんはあなたが生まれる前から、こんな人になってほしいと祈っていたのに……」

こんなことばを聞いても何も思わなかった頃があるでしょう。聞く耳がなかったのです。ところが、後になってその祈りが答えられたということに気づき始めます。このように、私はただ偶然に生まれたのではなく、神の計画の中でここまで来たのだということがわかります。

③誓願、預言

ある人は、親や家族からの誓願を受けています。「あなたにはこんな人になってもらいたいと神様にお願いしたの」と言うのを頻繁に聞いているうちに、影響を受けます。心のどこかで誓願について考え続け、祈るようになり、そのとおりに人生を導かれる過程を経験するようになります。神がすでにずっと以前から、自分の人生に働いておられたことに気づくのです。

預言を受ける場合もあります。「あなたは偉大な福音伝道者になるだろう」。そのことばを聞いたときは負担に感じますが、いつのまにか熱心に伝道している自分を見出します。それに気づいた瞬間、「あのときのあのことばはこういう意味だったのか」と、かみしめるようになります。

④出生の環境、親の啓示

こんな話を聞いたことがあるでしょう。息子が欲しかったのに娘が生まれた、あるいは計画していなかったのに妊娠した、それがあなただ。生まれて来られなかったはずなのに、お母さんがあのとき神様に祈って思い直した。あるいは、兄弟たちは何歳かのときに病気で死んだのに、自分だけ生き残った、など。私たちはこの地上に生まれた明らかな目的と理由があります。

こんな場合もあります。住んでいた町で火事があって多くの人が世を去ったが、自分は生き残った。母親が中国旅行中に突然出産したのだが、後になってビザなしで中国に宣教師として行けるようになった。ある人は生まれたときから皮膚の色が黒く、韓国人ではないみたいだと言われて育ったが、フィリピンに行ったところ、どれほど宣教がうまくいっているかわからない。そのときは理解できなくても、今は「ああ、そうなんだ！　神様がすでに準備されていたんだ！」とうなずくしかないのです。

社会・文化的状況

私たちが生まれたときの文化的な状況があります。どこで生まれたか、どんな町で生まれたかによって文化が違います。歴史的な状況、地理的な状況もあるでしょう。田舎で生まれる人もいれば、都市で生まれる人もいます。そうかと思えば、地域的な状況もあります。その地域を席巻《せっけん》したリバイバルの火があったとか、祈る町で生まれたとか、神の特別な恵みを体験したりもします。国家的・国際的状況もあります。国家的に本当につらくて大変だったとき生まれたとか、オリンピックのような国際大会が開かれたときに生まれたとか、解放っ子〔訳注：一九四五年生まれ〕として生まれて南北統一に対する大きな重荷をもって祈り、一生献身した人もいます。

自分が生まれて育った時期に起こったさまざまな状況があります。そしてその状況は決して偶然ではなかったことに気づきます。神の意図したことであり、それは今行っていること、これから進む方向とつながっているのです。

家族環境

文字どおり、家族の影響力です。苦労する母、祈る祖母、家訓、信仰の遺産、経済状態、病気の家族などが人生に影響を及ぼします。

母は苦労してとても大変な思いをしていたが、今考えるとそのときに見て学び、感じたことが大きな助けになり、力になって、どんな困難にも勝つことができる。体が弱いのにいつも部屋で私たちのために祈っていた祖母、そのときはありがたいとも思わなかったが、今は祈っていた祖母が私の人生に本当に重要な影響を及ぼしている。神が私の人生でその祈りをどのように用いておられるかがわかる。

ある日、突然父が家訓を作ったが、後になって、それが私の人生に影響を及ぼし、今は自分の子どもたちにも適用しているということに気づく。そうかと思えば、とても貧しくてうらみがましい思いを持っていたが、今考えればそこそこの貧しさには屈しない人になり、だからどんなに大変な宣教地に行っても平気だ。反対に、豊かな家庭に生まれて、困難で大変な人たちの世話をし、分かち合うことができた。豊かさの中で成長したので、今、困難の中でも分かち合い、施すことができる広い心を持つようになった。

家族の中に病人がいて本当に大変だったが、そのことを通して病人のことを考えて世話をすることが身につき、結局、彼らを理解して世話をする人生を歩むようになった。どれ一つとっても偶然ではなく、すべてのことが神の計画の中で導かれたことに気づきます。

基本技術

たとえば、教会学校でスキット大会や文学の夜、賛美歌競演大会などを開催し、一生懸命にやったとしましょう。この時期に、知らず知らずのうちに基本的な技術を習得します。当時は一生懸命にやっただけであっても、後に大きな助けになります。賛美歌競演大会に出た経験が、その後二十年以上も聖歌隊員として奉仕できる力になったりもします。家庭教師や知人を通して時間を守る方法や基本的な技術を習得したなら、それが現在のリーダーシップの重要な礎石になることもあるのです。

社会的基礎

感情的・経済的・身体的必要や、思索の必要に気づいてわかるようになります。関係の重要性を学び、それが人生に大きな比重を持つ基礎になります。このような過程を過ごしながら、基本的なものを経験し、自分の賜物を発見します。

私は小学生の時に学生聖歌隊に入っていました。そのとき一番大変だったのは、私がベースなのかテナーなのかよくわからなかったということです。テナーのほうに行けばベースに行けと言われ、ベースに行けばテナーに行けと言われました。だから仕方なく、勇気を出して指揮者の執事のところに行きました。

「執事さん、私はテナーですか、ベースですか」

「どっちでもいいよ。好きにしなさい」

その後、聖歌隊はやめましたが、そこで訓練されたことが今、賛美を導くのに助けになっています。このような一連の過程を通して基本的な技術を身につけ、社会的な関係を作り、神が自分に願っておられることを会得して、リーダーシップの基礎が立てられます。

第二段階　リーダーシップの形成

小学校から中学校までが、おそらくこれに該当します。この時期には訓育も受け、自我の発見（私は何者か）、価値（どんなものが重要か）、責任のようなものを学びます。

道徳性の検証

ある小学生が陶磁器を割ってしまいましたが、見ていた人はだれもいなかったとしましょう。そのとき、この小学生は葛藤します。自分が割ったと正直に言うべきか、言わないべきか、しばらく悩んでいた小学生は怒られるのが嫌でこの事実を隠すことにします。しかし、真実はどこかで明らかになるものです。後でばれて何倍も怒られました。この出来事を通して、この小学生が学んだことは何でしょうか。「ああ！　嘘をついてはいけないんだ！」その後、彼は正直で真実に生きるようになります。

「うそつきは泥棒の始まり」ということわざがあります。よくご存知だとは思いますが、これは悪いことは小さくても繰り返すと、大きな罪を犯すようになるという意味です。これを端的に示す例話があります。

ある死刑囚が、刑の執行前にどうしても一目母親に会わせてほしいと願いました。所長は最後の願いだと思い面会を許しますが、問題が起こりました。死刑囚が母親を近くに来させて耳をかみちぎったのです。幼いとき、人の物を盗んだり悪いことをしたときに母親が厳しく叱らなかったから自分が重い罪人になり、結局死刑にされることになった、というのが理由でした。

鉛筆一本、十円一枚でも、他人の物に手をつけてはいけないということ学んで、リーダーシップの重要な価値が形成され始めます。

従順の検証

この時期には権威に従うことを学びます。従わなければそれに相応する罰が与えられることを体得します。権威に従うときに与えられる有益を悟り、不従順がもたらす苦味も味わって、リーダーシップを形成していきます。この時期に従うことを学ばなければ、リーダーについて行くことができません。ついて行くことを学ばなければ、リードすることはできません。

みことばの検証

神が自分に語ってくださっていることを経験します。聖書が、単なるイスラエルの歴史、一冊の本に過ぎないものではなく、生きている神のみことばであり、それは必ず成就するということを体得します。そして、そのようなことを繰り返し経験しながら、神のみことばの中でしっかりと立ち、みことばが人生を導くようになり、神のみことばがリーダーシップの重要な灯となります。

責任の検証

自分にゆだねられたことを遂行しながら、責任とは何かを知るようになります。一人で、時には何人かで一緒に働きながら、一人ひとりが受け持った役割がどれほど重要か、そしてそれをしなかったときにどんな結果を招くかを学びます。

信仰の検証

自分の信仰を検証して、信仰によって生きることを学びます。勉強で行き詰まると、これまでは当然、参考書を見たり、先生に聞いたりしていたのに、いつの間にか祈らなければ、という考えが浮かぶようになります。そして、不思議なことに祈ると問題が解け、そんなことを繰り返しながら祈りの答えを確信するようになるのです。「ああ、本当に神様が祈りを聞いてくださるんだなあ！」信じたとおりになることを経験して、神をさらに信頼し、信仰の歩みを続けるようになります。

この時期は、このような経験を通して重要なリーダーシップの価値が形成される時です。このときにきちんと学べないと、後になって大変になります。道徳性、従順、責任などは人生の基本となる徳目なので、これが形成されなければ人生の峠が来るたびに足をとられます。これらは通過儀礼のようなもので、次の段階に行くためには必ず通らなければなりません。今回できなければ、次回学びの機会を経験し、それでもだめならまた次に……。それでもどうしても学べなければ、結局、最後まで用いられることのない大蛇になることもあります。

第三段階　リーダーシップの訓練

大学時代やインターン、あるいは初めて職場で仕事を学ぶ時期です。あるいは、何かを本格的に始める前段階と言えます。私の場合は、神学校に通っているときであり、主婦ならば結婚前に花嫁修業をするときでしょう。この時期は賜物、人間関係、ビジョン、犠牲のようなことが重要に扱われます。仕事と人についてリーダーシップ訓練が集中的に行われます。

第一、仕事について訓練される

牧会の道を歩んでいる人ならだれでもそうでしょうが、私も伝道師時代、嬰児科から中高生科までいろいろなクラスを経験しました。今の教会に赴任して最初の三か月間は、嬰児科から始まり、幼稚科、小学科、中高生科、青年部まで行って説教しましたが、これは伝道師時代にそれらの部署を担当したからできたことでした。小さな子どもたちの心も、青少年期の子を持つ親の心も理解することができるのは、あのときに訓練を受けたからです。神が私に仕事をくださり、それを身につけ、訓練されるように機会を与えてくれていたのです。

医師もそうでしょう。研修医時代はまともに寝ることもできずに苦労し、いつも専門医に叱られます。人の命を扱う職業ですから、さらに厳格な訓練が要求されるのです。つらくても、そうして学んだことが結局、血となり肉となって専門医としての資格を備えるようになります。

①技術習得

文字どおり、自分が遂行する仕事に必要な技術を習得することです。私は高校と大学時代、教会で学生会長を務め、会議を進行したり、信仰によって人を説得したりすることを学びましたが、それが今の働きにどれほど助けになっているかわかりません。

②訓練の進歩

数学、英語、楽器、特技、メンタリング教育など、特別な訓練を受けることです。私の場合、自分がしていることと直接関係のない読書法、速読法などを学びました。そのときは、なぜこんなことを学ぶのか理解できませんでしたが、これが説教準備にどれほど有用かわかりません。そのような目的で学んだのではありませんが、振り返ると神の導きがあり、今の私のためにあのとき訓練されたのだと思います。

この時期の訓練は、そのときは自分と何も関係ないように思われますが、神の観点で見ると、主の御心を果たすのに重要な役割をします。

③賜物の発見

この時期にはまた、技術を学び、訓練を受けながら自分に与えられた具体的な賜物を発見します。ある人は文字をきれいに書いて頭角を現し、ある人は経済感覚が秀でていてお金の流れを読むことができ、ある人は人々に親切なのでサービス業や事業家としての資質を現します。

第二、人について訓練される

人についての訓練は二つです。一つは権威に対する訓練であり、権威に従うことを学ぶものです。ところが、これはいつも順調というわけではありません。権威者との葛藤が生じることもあります。やり合っていてひどくやられることもあれば、そこで教訓を得て、次からは従うこともあります。どうしても解決できなければ、クビになるか、自分で辞めることもあります。

悪い上司の下で苦労したなら、その経験が後日、どんな上司の下でも仕事をちゃんとできるようにします。当時は本当に苦しいでしょうが、それが権威に対する訓練なのです。

もう一つは関係に対する訓練です。同僚や同労者との葛藤で、裏切られて、人は信じる対象ではないと悟ります。人は愛の対象であって信頼の対象ではないということばがありますが、これは正しいでしょう。信頼をもって人々に接するのは正しいことですが、その人々に拠《よ》り頼んではいけません。また、多くの人と出会って、交わりを持ちながら良い関係を結ぶことがどれほど重要で、どれほど力になり、励ましになるかを学びます。

以前、私がある教会の副教役者として奉仕していたとき、両親が教会に訪ねて来ました。主任牧師のところに行って挨拶をしたのですが、時間がないからと少し挨拶をして終わりでした。そのとき考えました。「私はそうしてはいけない。主任牧師が副教役者の親と一緒に食事をし、一言でも励ますなら、親はどれほど喜ぶだろうか」

かなり時間が経った後、このことを鑑《かがみ》として、主任牧師となった私はそのときの決心を実行しました。

「息子さんは本当によくやっています」

そのことばを聞いた親はもちろん、同労の副教役者もどれほど喜んだかわかりません。仮にちょっと足りない面があったとしても、そのように励ましたので、親は幸せに思い、当事者はもっとよくやろうと努力し、同労者たちとの関係もさらによくなりました。

私たちは訓練を通して学びます。良いことも見て学びますが、そうでないことも見て学びます。嫁として苦しい生活をしながら、「私は嫁によくしてあげよう」と思うなら、その人はこの訓練をパスしたのです。それを学べなければ、後に姑になったとき、嫁と同じ葛藤を味わうことになります。人間関係を通して教えてくださる神を見ることができるなら、本当に多くのことを学ぶことができます。

神はだれでも例外なくこの訓練を通らせます。主はある日突然、私たちに仕事を任されるのではありません。神の時刻表に従って各自を訓練し、次の任務を与えてくださいます。なぜなら、神は私たちを良い影響力を及ぼす霊性リーダーとして立てることを願っているからです。

第四段階　リーダーシップの成長

次の段階は成長です。リーダーシップの基礎が樹立され、形成され、訓練を経て、今度は成長する時間です。本格的に自分の仕事を担い、それを具体的に始めることになります。新婚を過ぎて、子どもを授かり、親となるときや、または職場で昇進しながら安定した地位を得るときです。私のような場合、副牧師としてフルタイムの働きを始めた時期だと言えます。

このとき登場する重要なトピックは優先順位、人々を立てるリーダーシップ、動機、戦略的な思考などです。優先順位をどこに置くのか。どうやって人々を立てるリーダーシップになるか。どんな動機をもって、戦略的な思考を樹立するか。二つの面から成長がなされます。

第一、日常で成長する

神は私たちを日常の中で成長させます。まず、霊の糧であるみことばで成長させます。肉の糧を食べなければ肉体の健康を維持できないように、霊の糧を欠かしては、霊の健康を語ることはできません。クリスチャンは、みことばを学びながら大きく成長することを経験します。聖書研究を通してビジョンが生じ、人生の方向を設定し、献身を決断したりもします。毎日食べるQTのみことばこそ、私たちの人生の最も重要な成長をもたらす核心栄養素だと言えます。

次は読書です。これはどんなに強調してもしすぎることはありません。良書を通して昔の人々の知恵を学ぶこともでき、直接経験できないことを間接的に経験してチャレンジを受け、新しい変化が起こることもあります。

メンターを通しても成長します。物心両面で全幅の支持と助けを受け、そばであれこれ助けてくれ、私がうまくやれるようにと信じてくれる人々がいます。その人々の愛と信頼がどれほど大きな力になるか、それによってもう一段階成長することができます。

このように、日常で出会ういろいろな状況の中でも私たちは成長します。突然、上司が異動したことで、自分が代わりにその椅子に座るようなことも起こります。まだ準備ができていないと思ったけれど、急なことだったのでやってみたら、事がうまく進んだ。突然起こった状況によって、一歩成長するのです。

そうかと思えば、あることを通してパラダイムの転換を経験したりします。回心してイエスを受け入れたとか、みことばの啓示を受けて特別な献身をすることもあります。昨日とは全く違う今日を生きるようになります。パラダイムが変わったので、以前は見えなかったものが見え始め、すべてが新しく見えるという素晴らしいことが起こります。

ある組織や関係の中で与えられたパワーを行使して、リーダーシップが成長することもあります。私の場合、現場で直接説教しながら牧会することで、講義室で学んで訓練されたことよりもはるかに多く学び、成長することができました。霊的権威についても考えるようになりました。神が働き、動かすのを見て、神のパワーを悟ったのです。

組織の構造を洞察する能力も生じます。リーダーシップが成長すると、状況を見ればその組織が一目で把握できます。組織の強みや短所が何か、構成員の業務は何で、その関係はどうか、などが見え始めるのです。

最近もインターンシップを多く行っていますが、私も神学校時代、インターンシップに行きました。普通、神学生は学校に通いながらパートタイムで奉仕をします。ところが神は、私が休学してフルタイムで奉仕することを願われました。アメリカの東部と西部で教会を二つ選び、三か月ずつパートタイムとしてインターンシップをするという思いを与えられたのです。

そのとき祈って決定した教会が、東部のワシントン地球村教会と西部のLAナソン永楽教会でした。インターンシップをしたいという意志を伝えて答えを待っていると、ナソン永楽教会から、教会の予算がないので無理だろうという連絡がきました。今ならわかりますが、そのときは知りませんでした。教会が遠回しに断るときは、予算を理由にするということを。伝道師が何を知っているというのでしょうか。私は、牧会者としてもう一歩成長したいという思いから、謝礼は必要ないともう一度メールを送り、ついには承諾を得ました。

なので、インターンシップを始めた場所はナソン永楽教会でした。どれほど一生懸命だったでしょうか。早天礼拝から週日の礼拝、主日礼拝まで一度も欠かすまいと必死でした。そうしたある日、早天祈禱会を受け持つ牧師が体調が悪くて来ることができませんでした。だれかが代打をしなければならないのに、だれも快く立ち上がりません。準備していない状態で説教をしたくはないからです。そこでその機会がインターンである私に与えられました。ところが、急に立つことになったその日の早天祈禱会でヒットを打ちました。それからは、各クラスから説教の依頼が入り始めたのですが、その教会に三か月いる間に、主日説教を除くすべての説教を経験したほどでした。インターンシップを終えると、教会から奨学金までもらい、後に神学校を卒業してからは、その教会の宣教牧師として招聘までされました。

二番目にインターンシップをしたワシントン地球村教会は、イ・ドンウォン牧師が担任していました。そこでも似たような経験をしました。6・25〔訳注：朝鮮戦争〕主日の夕礼拝のとき、傷痍軍人出身の牧師が説教することになっていたのですが、遅くに連絡が入りました。他の都市で証しをしてからワシントンに移動するはずでしたが、そこでの予定が予想より延びて、どうしても時間までに着くことができないというのです。実に困った状況でした。

しかし、それが私には再び予期しない機会となりました。またピンチヒッターとして講壇に立ったのです。結果は大成功でした。説教後に信徒たちは「先生、ホームランです！」と言って応援してくれ、次からはさらに多くの奉仕の扉と学びの機会が開かれ始めました。

第二、責任を負う中で成長する

リーダーには権限も与えられますが、同時に責任も与えられます。リーダーはプレッシャーやストレスに耐えて、その中で成長します。リーダーとして大きく成長する中でも、数多くの葛藤を経験します。その渦中にいるときは本当につらいのですが、過ぎて見れば、それを通してたくさん学び、成長したことがわかります。時には批判を受けることもあります。自分はよくやったと思っても、批判され、攻撃されることが生じるのです。そうかと思えば、健康や人間関係に異常が生じたり、ある出来事が膨れ上がったりしてリーダーシップの危機を迎えることもあります。しかし、すべての過程をリーダーシップの視点をもって歩むなら、その危機がむしろ災い転じて福となり、その過程が今の自分が影響力を発揮するための主たる成長動力になったということに気づくのです。

リーダーシップ成長過程の四つの問題

この時期には大きく四つの問題が発生します。これ以上成長せず、その地位にとどまろうとする停滞の問題、権威者と問題が生じてぶつかり続ける権威の問題、締めくくりの問題、自分の哲学がない原則と哲学の問題がそれです。

私が見るに、主に四十代の人がこの岐路に立っているようです。今の場所にとどまるのか、あるいはチャレンジを受け入れて出て行くのか。そのままいることも、だからといって簡単にチャレンジすることもできない状況に直面するのです。四十代だけではないでしょう。リーダーシップの成長過程にある人ならば、このようなチャレンジに直面せざるを得ません。

人々はこのようなチャレンジの前に、本当に神が願っておられることは何か、神の召しは何か、自分の使命を確認するようになります。そして、それを確信して出て行くと、実際に働きの現場でさまざまなチャレンジが待っています。最初は信仰のチャレンジです。

私はケニア宣教師として派遣されたとき、教会を開拓したことがあります。そのとき一番怖かったのは、「教会を開拓したのに、だれも来なかったらどうしよう」ということでした。私は教会開拓が神の御心であることを確認していたので、恐れはありましたが、信仰によってそのことにチャレンジしました。そして働きを進めながら、働きは最初から最後まで信仰によって行うことであるとはっきりと悟りました。

新しいチャレンジを前に、祈りをもってしがみついて願い、霊的な洞察力を得ることもあります。私が地球村教会の主任として赴任したときもそうでした。アメリカでの移民牧会がうまくいっていたのに、招聘を受けたのです。応じるべきか否か、神の御心を求め続けました。今もそうですが、そのときも韓国教会の状況はあまり良くありませんでした。周囲は私の韓国行きを引きとめました。しかし祈る中で、神はご自分の教会に新しいリバイバルを与えると語ってくださったのです。韓国教会は今までになく大変で困難な時期を過ごしているが、神は新鮮なリバイバルを与えてくださる。私は結局、そのチャレンジにイエスと答え、新しい役割とさらに大きな影響力を持つリーダーとして、もう一段階成長しています。

第五段階　リーダーシップの集中

この時期は、リーダーシップの絶頂期と言えます。召命に向かって、それまで築いてきた経験を初めとして、自分のすべてが一つ所に集まり、最大の実が現れます。洞察力が生じ、成熟した視点が形成されます。リーダーシップが開発されて発展し、使命、つまり自分のするべきことがはっきりと見えます。

「ああ、これだ！　神様が今まで私を訓練してくださったすべての過程は、まさにこのためだったんだ。今、私はこのことに全力投球しなければならないんだな！」

これは各自の召命によってさまざまです。地域や小グループでのことかもしれませんし、主婦として子どもを育てる働きかもしれません。職場での業務かもしれませんし、事業、あるいは宣教かもしれません。それが何であれ、私たちはそのことに取り組みながら、神が自分をここまで導いてくださったこと、すべてのことを治めるお方が神であること、すなわち神の主権的な導きを悟るようになります。そして、これが真に自分にゆだねられた使命だと悟るのです。神はこれを幾重にも確認させてくださいます。家庭を通して、状況を通して、みことばを通して、メンターを通して、何度も確認させてくださいます。また、摂理的な出会いが与えられます。神が備えられた人とつながり、その人によって働きが進むのを見て、神の導きを確認したりもします。また、リーダーシップの問題を通して、自分を見直す見識が生じます。他の人やフォロワーのせいにするのではなく、問題の原因を自分に見いだすのです。時には、誤った選択や失敗を通しても重要なリーダーシップを学びます。

神が確信を与え、リーダーは一層成熟します。リーダーシップの成長を経て、今度は自分だけの固有の役割をはっきりと悟ります。神が自分を通して果たそうとしておられることが何か、確実にわかるのです。自分の使命を悟れば、霊性が徐々に深まり始めます。このためには一人だけの時間が必要です。時には荒野のような時間を経験します。その時間を通して神と個人的な出会いを持つようになります。さびしくてつらくても神にしがみついて、私たちの霊性は少しずつ深まっていきます。葛藤と危機を経験し、状況を判断して困難な中でも神に拠り頼み、耐え忍んで打ち勝つ成熟に至るようになります。

リーダーシップの集中段階では、自分が持つ影響力が一か所に集まってシナジー効果を発揮します。私の場合はこうです。それまでに勉強していたことが牧会の助けになり、牧会することが教えることに助けとなって、宣教師や教授、牧師として、さらに大きな影響力を及ぼすことができるようになりました。初めからこのようになるとは考えていませんでした。計画や意図したことではありません。主の導きに従って従順に歩んでいたら、ここまで来たのです。

第六段階

リーダーシップのフィナーレ

この時期は、引退の頃と考えればよいでしょう。このとき重要なことは、深い影響力です。以前のように多くの人々に影響を及ぼすことはありませんが、影響力の深さだけは最も大きいと言えます。その人の一言は確実に違います。ビリー・グラハム牧師が「神はあなたを愛しています」と言うのと、私が説教の中でそのように言うのとは比較になるでしょうか。その深さは決して簡単にまねできません。

普通、この時期のリーダーシップは、ことば一言、行動一つにも重みが感じられます。リーダーシップ訓練を受けている人々が測ることのできない格別な深みがあります。また、その人だけができることがあります。次の時代を育てるメンタリングも良い例です。自分の人生経験を他の人々に分かち合い、次世代リーダーシップを育てる影響力を発揮することができます。

このように、リーダーシップの基礎から形成、訓練、成長、集中、フィナーレまで、これらすべての過程は神の主権のもとに行われます。それぞれが置かれた状況や事情は違うかもしれませんが、それは神が私たちをリーダーとして立てるために訓練し、成長させてくださる時間です。

さあ、それではここで質問してみましょう。リーダーシップの六つの段階のうち、あなたは今どの辺にいるでしょうか。成長の段階でしょうか。それならば成長の段階で自分が学び、訓練するべきことは何か、点検してください。リーダーシップの発達過程を理解することで、私たちは自分の位置を把握できるだけでなく、大きな絵の中における自分の現在の状況を見ることができます。

「この過程を過ぎれば、次の段階に行くんだ」

「神様がこの段階に来るまで私をこのように準備し、訓練してくださったんだなあ。これまでもそうだったし、今もそうだから、神様はこれからもずっと導き、共にいてくださるんだな」

私たちに対する神の主権的な導きを知り、握りしめ、信じるとき、私たちは置かれた状況や出来事をはるかに容易に解釈し、通過することができます。神が願っておられるリーダーとして……。

SPIRITUAL

PART2

霊性リーダーシップの実際

LEADERSHIP

05

霊性リーダーシップのビジョン

リーダーはメンバーが神の御心に従うようにする

ビジョンとは未来に向かう絵である

ビジョンとは何でしょうか。ビジョンは、未来に向かって抱く理想的な目標です。ビジョンは心に描かれる、未来に向かう絵です。理想的な目標が心に描かれるのです。その良い例が創世記15章に出てきます。

「アブラハム！」

真っ暗な夜、神がアブラハムを呼びました。

「はい、神様」

「ちょっと外に出ないか？」

「わかりました。すぐに出ます」

外に出たアブラハムに、神は語りかけられます。

「アブラハム、空を見上げてごらん」

「突然、どうして空ですか?」

アブラハムはそう答えながらも、顔を上げて空を仰ぎました。そこには無数の星がきらきらと光っています。そのとき、神が尋ねました。

「何が見える?」

「星が見えます」

「では、星を数えてごらん」

「わかりました」

アブラハムは夜空を見上げて、星を数え始めます。一つ、二つ、三つ、四つ、五つ……二十、……五十、……百! 首も痛いし、星が多すぎて数えることができません。

「神様、もう数えられません」

「そうだろう。数えられないだろう? おまえの子孫はこのようになる」

創世記15章を脚色するとこうなります。なぜ神は、アブラハムを外に連れ出し、星を数えよ、と言ったのでしょうか。数学のテストでもないし、ただそう語ってくだされればよいのに……。

神は今、アブラハムにビジョンを与えているのです。アブラハムの心に、神の約束に対する絵を描いておられるのです。私は、この出来事の後、アブラハムは夜ごとに空を見上げただろうと考えます。彼は空を見るたびに、あの日、神が心に描いてくださった絵を思い浮かべ、約束のみことばを思い出したことでしょう。星が注ぐ夜空を見上げて、アブラハムは「そうだ！神様が約束してくださったんだ。私の子孫は多くの星のように栄えると……」繰り返しこのように言い、心の絵を覚えて、神の約束を心に描き続けたでしょう。

聖書を見ると、神がご自分の子を召し出すときにもビジョンを見せているのがわかります。エレミヤを召したときやモーセを召したときもそうでした。幻の中に現れ、絵を描き、その絵で語る神を見るのです。

ビジョンの特性、行動させるもの

ビジョンは、常に未来に向かっています。ビジョンは過去の話でも、現在の話でもありません。ビジョンはこれから訪れる将来に対する絵です。ビジョンは常に肯定的です。否定的なビジョンはありません。ビジョンには神の望みが込められているからです。また、ビジョンは本当にこうなってほしいと願う理想形です。のちにビジョンが現実化すると、人々は「ああ、まさにこれだ！」と言って喜び踊るでしょう。ビジョンは自分のすべてをささげても後悔しない、胸を躍らせ、心を熱くする理想形です。

ビジョンは、ものすごい集中力を引き出します。すべてを注がせます。それが本当に重要で、必ず成し遂げられることを願うからです。どんな話をしても、そこに集中していきます。今までしてきたこともそれに向かって焦点が合わせられるのです。

このように、ビジョンには情熱があります。ビジョンを持つ人の前に行くと、熱気が感じられます。サッカーが好きな人は、何の話をしてもサッカーで終わります。恋に落ちた人は恋に、ドラマが好きな人はドラマに、神が好きな人は神に話題が戻るようになっています。ビジョンがある人は、機会さえあればその話をします。そうせずにはいられない熱い情熱があるからです。本当に重要で本当に必要で本当に大切なそれを人々がすべて見ることを切実に願う心が、自分でも知らないうちにあふれ流れるからです。その情熱が人々を感動させ、伝染し、ビジョンに向かって献身して動くようにします。自分だけではなく、周囲の人々も熱くするのです。

ビジョンは独特性を持ちます。言い換えれば、ビジョンはみな同じではありません。私たちがよく混同するものの一つが、ミッション（使命）とビジョンです。ミッションとビジョンは、混同して使われることもありますが、二つは確かに別のものです。ミッションは本質に関するもので根本的です。ですから同じこともあります。また、ミッションは大きな絵です。一方、ミッションという大きな絵の中で、特定の時間と空間で成し遂げられるものがビジョンです。

ビジョンは、その時間、その場所で与えられる独特なものを言います。そのため、ビジョンは一人ひとり違います。各自の状況や事情や育った背景が違うからです。

ビジョンは、いつも新しく変化します。単純にその場所に安住せず、前に進みます。ビジョンは一度で終わるのではなく、継続して変化し、発展し、成長します。ビジョンは前に向かう絵です。そこには情熱があります。そして、その情熱は変化から来る苦しみを凌駕する、はるかに強力な力を持っています。ビジョンは、どんなにつらくて困難でも諦められない、自分のすべてを燃やすほどの価値があるものです。

ビジョンを語るときに思い出す人がいます。マーティン・ルーサー・キング牧師です。一九六三年、アメリカで奴隷制度と人種差別が横行していた時代、彼は「私には夢がある」という有名な演説をしました。そのとき集まった二十五万人の群衆はその演説を聞いて胸がいっぱいになったことでしょう。

「I have a dream that one day ～」で始まるその演説に、こんな一節があります。

I have a dream that my four little children will one day live in a nation where they will not be judged by the color of their skin but by the content of their character.

（私はいつか、私の四人の子どもたちが、皮膚の色ではなくそれぞれの性格によって判断され

る国で生きることを夢見ている）

そして演説の最後において、彼はこう叫びました。

Free at last! Free at last! Thank God Almighty, we are free at last!

（ついに自由！　ついに自由！　全能の神よ、感謝します。私たちはついに自由になります！）

これを思うとき、なぜか胸がじいんとします。当時、黒人たちはレストランで白人と同じフロアに入ることはできず、バスの座席も分けられました。そのような中で、このような未来を願って夢を見ていたことは、まことに驚くべきではないでしょうか。そして、本当に彼のビジョンどおり、そのような日が来て、アメリカの歴史上初めて黒人の大統領が誕生しました。

私はアフリカのケニアで宣教師として奉仕していましたが、そのときは知りませんでした。アメリカに住んでいながら、人種差別の問題が発生し続けていたことを知らなかったのです。アフリカに行くと、人々の心の奥に、植民地政策による敗北意識が強く刻み込まれていることがわかります。人々は自ら、アフリカは呪われた大陸だと考えています。歴史を見ると、そう考えるのも無理はありません。西欧の列強が自分たちの野望を果たすために植民地を拡張し、それに伴って黒人たちを奴隷として連れて行き、報酬もなしにこき使ったのです。見方によっては、アフリカで一番賢く、一番健康な人々は、皆奴隷として売られていったというわけです。結局、アフリカにはとても虚弱な人間だけが残りました。

反面、西欧の列強は、植民地で略奪して連れて来た人々から搾取して、日に日に発達しました。そうして数百年経った後、奴隷制度は廃止されましたが人種差別は簡単には消えませんでした。黒人たちは奴隷だったときも苦しめられましたが、自由人になっても相変わらず苦しい生活を余儀なくされました。そしてキング牧師のような人権運動家によって新しい局面を迎え、ついには初めての黒人の大統領を生む歴史を作り出したのです。このような歴史を知ると、オバマ氏が大統領になった事実が、アメリカの歴史上、どれほど素晴らしいことかわかりません。キング牧師がオバマ大統領に会ったらなんと言うでしょうか。おそらく「そうだ！　まさにこれだ！　このために私はいのちをささげたが、少しも惜しくなかった！」と言うのではないでしょうか。

ビジョンは、人々を行動へと導きます。人々は夢を見、ビジョンに向かって動き始めます。また、ビジョンは動機を与えます。なぜそうするべきかがわかれば、つまりビジョンを持てば、人々は言われなくても自ら動き出します。ビジョンは人々を集中させ、情熱を呼び起こし、主人意識を持たせます。それだけでなく、リーダーシップの継承と変化を簡単にします。ビジョンがつながるので、人が変わってもそのビジョンを推し進めて行くことができるのです。

地球村教会のビジョンは創立以来ずっと、福音伝道と隣人愛で民族をいやし、世の変革をもたらす神の国のビジョンを実現する教会になることです。

私は主任牧師として赴任してから、これをもう少し具体化させ、民族のいやしのための3N、世の変革のための3Gを宣言しました。民族のいやしのための3Nは、North Korea（北朝鮮に対する神の計画）、Next Generation（次世代）、New Family（変化する社会の新しい家族）のためのビジョンです。世の変革のための3Gは、Great Commission（至上命令である宣教／伝道）、Global Church（世界の教会に対する奉仕と分かち合い／影響力）、Godly Leaders（敬虔なリーダー）です。

しかし、実際に祈るときや話すときは、3Nや3Gよりも、民族のいやしと世の変革ということばを多く用います。なぜなら3N、3Gは、以前と別のビジョンではなく、民族のいやしと世の変革というビジョンの延長線上にあるからです。

私が初めて地球村教会の主任として赴任したとき、人々は尋ねました。

「先生のビジョンは何ですか」

その質問をされるたびに、私はこう答えました。

「同じです。『民族のいやし、世の変革』が私たちの共同体に与えられたビジョンなら、リーダーが変わっても、そのビジョンは継続されるべきです」

ただビジョンがもう少し成長し、成熟する過程は必要かもしれません。状況と時代と必要が変わるからです。そのようにして出てきたのが「3N、3G」です。そして3N、3Gとともに絶えず私が強調しているのは、一つのビジョン、つまり民族のいやしと世の変革です。

ビジョンはどこから出てくるのか?

ビジョンは追従者ではなくリーダーから出てきます。これはビジョンの出所に対する一般的な理解です。フォロワーがビジョンを作り出すことはできません。リーダーとは視点が違うからです。ビジョンはリーダーの責任です。ですから私は、ビジョンはリーダーの専有物だと言います。

人々は普通、ビジョンは現在の問題から出発し、それが解決される未来に進むものだと理解します。それもそうです。そういう面も多分にあります。私があえてこう言う理由は、ビジョンに対する一般的な理解と、霊性リーダーシップの理解がどう違うかを説明するためです。

学問分野では、ビジョンに対する研究がかなり活発に深められており、また進捗も見られます。書店に行けばビジョンに関する本が多く出版されています。しかし、そこには盲点があります。多くのリーダーシップ関連の書物が、ビジョンとは何か、なぜビジョンを持つべきか、ビジョンが成し遂げることとその結果、ビジョンに対する素晴らしい成功談などを扱っていますが、実際に最も重要なことについては抜け落ちているか、あるとしてもごく短く言及しているだけです。それは、ビジョンはどこから出てくるのか、です。ビジョンがどのように生じ、ビジョンをどうやって得るのかに対する研究はほとんど見られません。

中には、ビジョンの出所を扱いながらも、ビジョンは直観（Intuition）から出てくると説明する人もいます。では、直観とは何でしょう。直観は、長い経験が蓄積されて生じる知識だと言います。この直観に、まるで火がつくように、ある瞬間、霊感（Inspiration）がぶつかり、直観と霊感が爆発して、突然ビジョンが見えるというのです。

もっともらしい説明ですが、一つ聞きたいことがあります。では、霊感はどうやって生じるのか、ということです。多分、口を閉ざすしかないでしょう。結局、そのような人々によれば、ビジョンは生じることもあれば、生じないこともあるが、それはだれにもわからないということです。同じものを見ても、ある人には生じ、ある人には生じないのですが、霊感の差がどこから来るのかは説明できません。また、そのような人は、そうやってビジョンが生じる人だけがリーダーであるかのように語っています。

しかし、霊性リーダーシップは違います。ビジョンは神がくださるものだと、はっきりと理解しています。ですから、どんなに労苦しても、直観が生じそうであっても、どうなるかわからない上に、本当に直観なのか確認できないビジョンと、神が見せてくださる絵だと確信できるビジョンとを比較することなどできるでしょうか。それを実行していく力、それに対する献身と結果は、まさに雲泥の差といえます。

霊性リーダーシップのビジョン

霊性リーダーは、ビジョンに対する明確な理解を持っています。ビジョンは神がリーダーを通して与える、ということです。ビジョンは神がくださるものです。人々は野望とビジョンを混同しますが、区別する方法はそれほど簡単ではありません。野望は自分から出て、ビジョンは神がくださるものです。ですからビジョンを受け取らなければなりません。求めることはできますが、作ることはできません。反面、野望は自分が作るものです。ですから野望の究極的な恵みを受ける人は大概、自分自身であることが多いのです。しかし、神がくださるビジョンの究極的な恵みを受ける人は神がリーダーにゆだねた共同体です。それが神の目的だからです。

幻がなければ、民はほしいままにふるまう。しかし律法を守る者は幸いである。

（箴言29・18）

「幻」を英語の聖書（KJV）ではビジョン（vision）と訳しています。また別の聖書（NIV）では黙示（revelation）という単語を使っています。ビジョンは黙示、すなわち神が神の目的を示すものです。それがなければ、民はほしいままにふるまうと言っています。目標と方向がないままに動くということです。

ビジョンは作り出すものではなく、受け取るものです。時々、熱心な親が私を訪ねて来て、わが子にビジョンを植え付けてほしいと頼まれることがありますが、ビジョンは植え付けるものではなく、見せるものです。ビジョンは神からの贈り物です。それならば、じっと座って、与えられれば受け取り、与えられなければそれまででいいのでしょうか。そうではありません。神は私たちをリーダーとして召されました。私たちが良い影響を及ぼすことを願い、私たちに責任をゆだねてくださいました。霊性リーダーは自分にゆだねられた人々が今どの位置にいるか、人々に対する神の目的は何かを知ることで、人々を正しく導くことができます。したがって、与えられた責任を果たすため、リーダーは必ずビジョンを求めなければなりません。

ビジョンは神の約束です。共同体を与えてくださった方は神です。神がその共同体を私にゆだねてくださいました。神はその共同体をどのように導くべきかを知っておられます。ですから、霊性リーダーはビジョンを作り出すのではなく、その共同体に対する神のビジョンを発見すればよいのです。そしてそれを共同体のメンバー全員が知り、理解し、共有できるように疎通しなければなりません。

したがって、ビジョンは現在から未来ではなく、未来から未来に行くことです。世の人々は現在の問題から出発して未来に向かうと言いますが、霊性リーダーシップのビジョンは未来から始まって未来に行きます。神がくださった未来の絵から始めて、その絵に向かって、未来に出て行くことだからです。

ビジョンと信仰の関係

信仰は望んでいる事がらを保証し、目に見えないものを確信させるものです。（ヘブル11・1）

望んでいる事がらの保証、目に見えないものへの確信は、両方とも見ることと関連があります。ビジョンを定義するとき、「神が心に描いてくださる絵」だと述べなかったでしょうか。それならば、それを見ることができるのが信仰です。心に描かれる絵を現実（保証、確信）として見ることが信仰です。だからビジョンは、神の約束に対する信仰だということができます。

先に、ビジョンと野望を区別するようにと書きましたが、ここでは欲と信仰を区別しなければなりません。この二つの違いは、それが神がくださったものかどうか、です。欲は自分が作り出すものであり、信仰は神がくださるものです。

神が心にくださったもの

ネヘミヤはアルタシャスタ王の献酌官でした。献酌官は今の秘書室長のような高い職位です。彼はユダから来た親類から、エルサレムの城壁が崩れ去り、門が焼き払われたという話を伝え聞き、数日間、悲しんで断食し、祈りました。そうしてから王の前に出て行って許可を受け、ついに城壁を再建するためにエルサレムに向かいました。

あるとき、私は夜中に起きた。ほかに数人の者もいっしょにいた。しかし、私の神が、私の心を動かしてエルサレムのためにさせようとされることを、私はだれにも告げなかった。また、私が乗った獣のほかには、一頭の獣も連れて行かなかった。（ネヘミヤ2・12）

彼が真っ先にしたことは、神から与えられたことをだれにも話さず、ろばに乗ってエルサレムの城壁を見に行くことでした。「私の神が、エルサレムのためにさせようとして、私の心にくださったもの」（What my God had put in my heart to do for Jerusalem, NIV）という表現が出てきますが、これこそ、一番すてきな聖書的ビジョンの定義だと思います。ただの神ではなく、

「私の神」が「私の心」に与えたと言うのです。それは、単純に考えるだけでは終わりません。ただの絵ではありません。ビジョン実現のための行動が伴います。何をするべきか、だれのためにするべきか、とてもはっきりとした絵を神がくださったのです。

あなたの心には、ネヘミヤのように神がくださった絵があるでしょうか。あなたを一番よく知っておられる神があなたにくださったものを用いて、あなたがいる場所で、あなたにできることをすることです。それが私たちを熱くし、心を動かします。それを考えるだけで心が燃えるようで、じっとしていられません。時には、私たちの傷から始まることもあるでしょう。しかし、時間が経つと、それがかえってより強い神のメッセージになる場合もあります。

この状況で、独特に私を私にされた神、その方が私にくださった目的は何だろうか。私の人生を通して成し遂げたいと願っている神の絵、神の心は何か示してください、と祈りましょう。私の神が「エルサレムのために、家庭のために、私の人生のために、神の国のために、この民族のために、会社のために……」何をするべきか、私の心にくださったものは何でしょうか。各自のビジョンにふさわしく与えられた内容によって、具体的に何をするべきかが決まります。

救いの目的、何のために私たちを召されたかに対する答えが確かでないと、信仰が揺らぐこともあります。主に対する熱い心があり、祈りと奉仕も熱心にして献身していても、主がくださった大きな絵がないので、人生に困難が生じ、人間関係に問題が生じると人生の方向を失い、漂流するのです。

視覚・聴覚重複障碍者であるヘレン・ケラーは、自分をあわれむ人々に、「世界で最も哀れな人は、目は見えるが（sight）ビジョン（vision）のない人だ」という有名なことばを残しました。逆に言えば、ビジョンがある人が一番幸福だと言えます。もし、ビジョンを受け取るには遅すぎると言う人がいたなら、信仰の先人たちを思い出してください。アブラハムは七十五歳でビジョンを受け、モーセは八十歳でビジョンを受けました。このように、神のビジョンは年齢とは関係ありません。時間があるからといってビジョンが果たされるのでも、時間があるからといって用いられるのでもありません。神が用いると決めたその時から、神が用いられるのです。

それでは、ビジョンはどのように知ることができるのでしょうか。イエスは神との交わりを通して神の御心を知りました。


わたしと父とは一つです。（ヨハネ10・30）

神の御子であるイエスがそのように言っておられるなら、私たちにとっても神との深い交わりが重要です。私たちは神との交わりを通して神を知り、自分を知り、状況を知るようになります。そして、その過程で私たちの心に描かれる神の絵を見出すのです。

新しいビジョンを求めるべき時

会社や家庭、人生の中で、目的に対する混乱を経験しているという表れはないでしょうか。あるなら、その時が新しいビジョンが必要な時です。なぜ自分がそのことをするべきか、なぜ自分がここにいるかがはっきりしないなら、新しいビジョンを求めてください。

挑戦することが物足りないと不平を言ったり、もう楽しみがないと言ったりしてはいないでしょうか。未来を懐疑的に見たり、現在に対して冷笑的であったりしないでしょうか。そのようなときも新しいビジョンが必要です。

正当性、主導的立場、あるいは革新的な行いについての評価を下げてはいないでしょうか。それならば、以前のように効率的で効果的ではないということです。

外部の環境の変化に適応できないように思えるでしょうか。状況の変化に迅速に反応できず、何度も流れを逃しているなら、新しいビジョンが必要です。

自負心が感じられなくなる兆しはないでしょうか。共同体に対する自負心がなくなったら大変です。新しいビジョンを提示しなければ、もはや共同体の発展を期待することはできません。

冒険を回避してばかりで、安住していたり、新しい責任を引き受けることをためらったり、変化に抵抗したりしてはいないでしょうか。安住しようとしてばかりいて、楽な道ばかり探すのも危険です。そのようなときは、変化が必要なことを認め、新しいビジョンを求めなければなりません。

発展や重要な契機に対する共通の認識が欠如してはいませんか。魅力的な未来を持っていると感じていますか。成長に対する責任を感じられないなら、新しいビジョンを求めてください。リーダーを心から信頼し、尊敬しているでしょうか。そうでないなら、実に深刻な状態です。何か特段の措置を取らなければなりません。どんな場合よりも新しいビジョンが必要な時です。

ここで一つ指摘しておきたいことがあります。人々はビジョンを立てるとき、数字に執着するということです。長い軍事政権の影響だと思いますが、とにかく私たちは「倍加」を好みます。たとえば、小さなビジョンは二倍、大きなビジョンは四倍にしてくださいと祈ることです。ところで、それを成し遂げて何をするつもりでしょうか。

銀行に貯蓄をたくさんして、賞をもらった人の話が記事になったことがあります。記者がその人にこんな質問をしました。「次の目標は何ですか」。すると受賞者は「はい、一億貯蓄することです」と答えました。貯蓄の目的は、貯蓄というわけです。

本当に重要なことは、神がそれをもって何をすることを願っておられるか、です。今や数字遊びから目覚めて、心を燃やす時が来ました。「売上いくら、成長いくら」というのはビジョンではなく、目標だというのが正しいのです。

霊性リーダーシップはどんなビジョンを分かち合うか

共有されないビジョンはビジョンではありません。ともすると、リーダーは自分自身がビジョンを持っているから、フォロワーもそのビジョンを持っているだろうと考えます。そのためビジョンをリーダーらしい方法で宣言して終わらせてしまいます。しかし、そういうことではフォロワーがビジョンを共有できません。そればかりか、リーダーが変わるとビジョンも変わるという問題が発生します。

ビジョンを発見することと同じくらい、それを共有することも重要です。事実、ビジョンの重要性に比べてこの部分が強調されないのが、今日のリーダーシップの弱点でもあります。ビジョンを共有し、メンバー全員が情熱をもって共にビジョンに向かって進むとき、はじめてビジョンは成就し始めます。

それなら、リーダーはどうやってフォロワーとビジョンを共有することができるでしょうか。それは、最近話題となっている「疎通」によってです。フォロワーと対話を続けることで疎通しなければなりません。それでは、ビジョンを分かち合うリーダーの姿を見てみましょう。

情熱（passion）

情熱をもって対話しなければなりません。リーダーがビジョンを示すとき、何の情熱もなしに平易に話すなら、だれが聞くでしょうか。同じことばでも無味乾燥なトーンで話すのと、楽しそうに興奮したトーンで話すのとでは差は歴然です。ところが、多くのリーダーが共同体の前でビジョンを語るとき、「本当にめんどくさい。楽しくない。しかし、これがビジョンだ。ついて来い」というふうに表現します。それでフォロワーがついて行くでしょうか。

ビジョンに対する興奮がなければなりません。「皆さん、これです！　これを成し遂げなければいけません！　これをしなければなりません！」本当にそう信じて、確信しなければならないのです。リーダーのことばに情熱を感じれば、ついて行きたくなります。

「passion《パッション》」という単語は、情熱以外に苦しみという意味もあります。なぜなのか私なりに解釈してみたのですが、情熱は苦しみに打ち勝ち、乗り越えることができるからではないでしょうか。情熱があれば、苦しい状況でもそれほど苦しまず、努力しなくてもいつの間にか苦しみが消えます。それほどリーダーの情熱は重要です。ですから、ビジョンについて分かち合うときも、心からわきあがる情熱をもって、楽しく疎通しなければなりません。

犠牲（sacrifice）

フォロワーがリーダーのビジョンを信頼するためには、まず、そのリーダーを信頼できなければなりません。皮肉なことに、現実ではこの単純な事実が無視されていることが多いのです。リーダーを信頼できない状況なのに、しきりにリーダーのビジョンを信頼しろと頭ごなしに言ってばかりいます。まことに残念ですが、そのような場合、フォロワーは心から信頼するのではなく、従うふりをするしかありません。

では、どうすればいいのでしょうか。まず、リーダーがビジョンのために犠牲を払う姿勢を見せることです。ビジョンのために犠牲を払うことは、そのビジョンが共同体にとって最も良いものであると信じていなければ不可能です。自分は犠牲を払ったり献身したりしていないのに、共同体のためのビジョンだと言って、だれが信じるでしょうか。そのようでは、ビジョンを共有することはできません。リーダーは自己犠牲によってそのビジョンの重要性を伝えます。

人生のモデル（life）

フォロワーと最もよく疎通できる方法は、生き方で示すという方法です。リーダーがそのビジョンどおりに生きることです。言い換えれば、モデリングをしなければなりません。「多くの人をキリストに導きなさい」というビジョンを立てたなら、リーダーが率先垂範《そっせんすいはん》して伝道しなければなりません。

周囲の人々とフォロワーは、関心がないように見えても、リーダーを見ています。リーダーが何のために犠牲を払うか、何を重要に考えるか、どんなことに多くの時間を割くか、どんなことをするときに一番楽しんでいるか、すべて見守っています。ビジョンを提示したとおりにリーダーが生きているか。リーダーは自分の人生を通してビジョンを語らなければなりません。

共同体に対する神の目的を見させる

霊性リーダーシップは、共同体に対する神の目的をフォロワーに見させることです。それが一番簡単で、かつ一番難しい方法です。なぜなら、ビジョンは神がくださるので、作り出す必要はないからです。ただし、それをフォロワーが見られるようにしなければならないのです。ですからリーダーがビジョンを共有するためにさらに重要なことは、共同体が神のビジョンを受けられるように成熟していることであり、リーダーは人々の成熟を助けなければなりません。結局、単にビジョンを宣言することや、ビジョン宣言のための華麗なセレモニーが重要なのではなく、メンバーが神の御心（目的）を直接見られるように助けることが重要です。

私の経験を一つ分かち合いたいと思います。地球村教会からの招聘《しょうへい》を受けて、祈りの中で韓国行きを決定した時のことです。その時期は、私にとってとても困難で大変な時期となりました。六年間奉仕した場所であり、最初の主任牧会地である教会を去らなければならないからです。一番つらかったのは、この話を信徒たちにどう話すか、でした。実際、地球村教会の牧師として行くことは、祝ってもらうことというよりも祈ってもらうべきことなのに、祝ってもらうことなのだろうと考えている信徒たちに、なんと説明するべきかわかりませんでした。

案の定、信徒たちの反応は、まるで私が死に行くかのように激しいものでした。たとえば、こうです。「先生、どうして私たちを置いて行こうとするんですか」という哀願派、「ふーん、行って何をするつもりですか」という憤怒派、「私たちが何かしましたか。どうしてそんなこと言うんですか」という嘆き派、「行かないですよね」という否定派など。この過程を通りながら、やはりとてもつらかったのですが、そのときに悟ったことがあります。

「これが神の御心なら、私にくださった神の御心が私たちの共同体に対する神の御心だということをわかってもらえばいいんだ！」

そのためには、私が教会を移ることが神の御心だという確信が必要でした。神の導きに対する私の確信がなければならなかったのです。その後、信徒たちに、それが私たちの共同体に対する神の御心だということをわかってもらえばいいのでした。

こう悟った後、そのようにしたところ、信徒たちの態度が変わってきました。

「今は、神が私たちの教会を愛してくださっていることがわかります。ジン先生が来たときも、こんなにうまくやれるとは思いませんでした。でも、うまくいったでしょう？　だから、神がこれからも私たちをもっと良いリーダーに導いてくださるでしょう」

その告白どおり、今、その教会はもっと立派なリーダーとともに成長し続け、さらに大きな影響力を及ぼしています。

そうです。霊性リーダーシップは、メンバーが成熟した共同体となり、神の御心を見ることができるように助ければよいのです。それが何よりも強力なビジョン共有の方法です。家庭でも子どもたちにビジョンを持つべきだと話すだけでなく、子どもが、神がくださるビジョンを見ることができるように成熟を助けなければなりません。もっと重要なことは、神がくださったビジョンは、神が成し遂げることを願っておられるということです。ですから霊性リーダーは、神の能力で、神のビジョンを成し遂げていくのです。神の約束を果たす方は神であり、神の約束成就は、神の時に、神の方法で、神の力が成し遂げるからです。

ビジョンの実行とビジョンの宣言

共同体がビジョンを共有したなら、それにふさわしい資源が活用されます。時間、人、財政、賜物など、私たちが持っている資料が何か点検して活用するようになります。その次は組織の開発です。共同体の資源をもって、ビジョンを成し遂げられる組織を作るのです。次の段階はその組織を動かす戦略的思考を樹立することです。最後に、開発した戦略に従ってメンバーがビジョンに向かって協力し、効率的に進めばよいのです。

このとき重要なのは、ビジョン宣言文です。

ビジョンの宣言は、まるで糊（glue）のようです。メンバーをべたべたとつなげます。糊のようにくっつけて一つにするのです。それはまた、磁石（magnet）のようで、人々を引きつけます。そして、物差し（ruler）のようで、評価と判断の基準になります。私たちがどれほどうまくやれたか、どれくらい成功したかは、ビジョンによって判断され、評価されます。

「そのために死ねる何かを見つけていない人間は、生きるのにふさわしくない」

マーティン・ルーサー・キング牧師のことばです。ビジョン！　そのために自分の人生をすべてささげても惜しくないビジョン。そのビジョンさえ成し遂げられるなら……。ああ、神よ、叶えさせたまえ！

06

霊性リーダーシップの変化

リーダーは変化のタイミングをとらえなければならない

パラダイム・シフト（Paradigm-Shift）

変化を考えるとき、同時に思い浮かぶ単語がパラダイムです。パラダイムは、一時代の人々の見解や思考を支配している理論的な枠や概念の集合体と定義されます。パラダイム・シフト（Paradigm-Shift）という表現もよく使われますが、これは文字どおりパラダイムの転換を意味します。

私がケニアに宣教師として行ったとき、ケニアには写真を現像できる場所がほとんどありませんでした。宣教師が写真を撮らないわけにはいかず、当時流行していたポラロイドカメラを持って行きました。フィルムカメラとは違い、すぐに写真が現像されて出てくるので、どれほど役に立ったかわかりません。

ポラロイドカメラの登場だけでも、カメラ業界にとてつもないパラダイム・シフトをもたらしましたが、しばらくしてデジタルカメラが出てきたことで、すぐに衰えていきました。

フィルムカメラやポラロイドカメラは現像しなければ写真を見ることができませんが、デジタルカメラでは、画像をパソコンに保存して、いつでも見られるように変わりました。また、思いのままに写真を撮ってから編集することもできるようになり、気に入った写真だけをプリントできるようになりました。人々はデジタルカメラに熱狂し、今や消費者はポラロイドやフィルムカメラの代わりにデジタルカメラを手にするようになりました。アナログからデジタルへの変化は、画期的なパラダイム・シフトだといえます。

ところで面白いのは、人々が今でもフィルムカメラ時代の習慣を捨てられないということです。撮ってすぐに、よく撮れているか確認できるのに、相変わらず同じ写真を二枚撮ります。カメラはパラダイム・シフトをもたらしましたが、考えは今でも「もう一枚」と、過去のパラダイムに捕らわれているのです。

インターネットの発達によって世界がどれほど大きく変わったかわかりません。最近はSNSが変化を主導しています。韓国文化、アメリカ文化、中国文化のようにSNS文化が生まれ、これがとてつもなく速い速度で国際文化になっています。

私はフェイスブックを使っていて驚いたことがあります。十余年前、ケニアで一緒に教会を開拓したメンバーたちが、私を捜し出して「友達リクエスト」を送ってきたのです。今、その友人たちはケニア、ナイジェリアなど、アフリカ各地に散らばっていますが、文明の利器が最も遅れているアフリカからケニアの友人が連絡をしてきたことに、どれほど驚いたことでしょうか。世の中が本当に変わってきていることを実感しました。

スマートフォンも私たちの生活をどんなに大きく変えたかわかりません。最近は夜遅くまで握りしめ、朝起きて真っ先に見るのがスマートフォンです。以前は注解つき聖書が多くなって説教するのが大変でしたが、最近はスマートフォンのせいで大変です。壮年層を対象とする説教も同じですが、特に若者は、説教を聞いていて気になることがあると、すぐにスマートフォンを出してグーグルで検索、確認するからです。

いくつか例を挙げたように、私たちの生活の中でパラダイム・シフトは起こり続けています。パラダイムの転換時には、パラダイムとパラダイムの間を飛び越えなければなりません。歩くのではなく、ジャンプしなければなりません。そこでジャンプしないなら、変化を理解することができません。そして、今のパラダイムの成功は、決して次のパラダイムの成功を保証しません。新しいパラダイムに一番適応できない人はだれでしょうか。過去のパラダイムで最も成功していた人々、最も多く投資した人々、だれよりも先に進んだ人々です。彼らはパラダイムの変化が最も遅いのです。過去のパラダイムですでに一位を走っていたため、あえて変化する必要を感じず、慢心するあまり、新しい変化を見ることができずに、遅れて合流するからです。

空港の入国審査で変化に一番早く対処できるのは、列の一番後ろにいる人です。その人は、新しい窓口がいつ開くか注意深く見まわし、開いたらすぐに走って行きます。ところが、決して動かず、前ばかり見ている人がいます。それは、列の二番目に並んでいる人です。その人は、他の窓口が開こうが開くまいが、気にしません。次が自分の番だからです。

パラダイムがどれほど早く変わり、過去の成功は現在や未来の成功を保証しないということを覚えていなければなりません。新しいパラダイムが来れば、景気も、ルールも変わります。ですから、新しいパラダイムに合わせて変化しなければ淘汰されるしかありません。

最近、韓国教会が苦しんでいます。その理由をパラダイムで見るならこうです。少し前までは、教会堂を大きく建てれば自然と信徒たちでいっぱいになりました。ですから借金をしてでも教会堂を大きく建てました。また過去には、子どもに教会を引き継ぐことは問題ではありませんでした。しかし、今はすべてが変わりました。教会の世襲問題を提起し、財政の透明性を指摘して、社会法に従えと言います。パラダイムが変わっているのです。つまり、世のパラダイム、社会のパラダイム、信徒のパラダイムは変わっているのに、教会のパラダイム、リーダーシップに関するパラダイムは相変わらず過去に閉じ込められ、新しい変化に適応できず、困難な思いをしているのです。

リーダーか、マネージャーか

リーダーとマネージャーの違いは何でしょうか。マネージャーはパラダイムの中で動き、リーダーはパラダイムの間で動きます。

マネージャーの役割をしながら、自分をリーダーだと考えている人々がいます。また、ある人は、自分はマネージャーの資質がない、行政の賜物がないからリーダーではないと考えます。マネージメントとリーダーシップはどんな関係を持っているでしょうか。ハーシー（Hersey）とブランチャード（Blanchard）は、より大きな絵がリーダーシップであり、マネージメントはリーダーシップの一部分だと言いました。

では、マネージャーとリーダーはどう違うのでしょうか。マネージャーは、どうすれば事をうまく進行し、導くことができるかを考え、リーダーは事をどうやってもっと発展させるかを考えます。マネージャーが与えられた環境の中でどのように勝利するかを考えるのなら、リーダーはその環境を抜け出し、どうやってより大きな成功を果たすかを考えます。マネージャーがどうやって現状維持できるかを考える人なら、リーダーはどうやって変化できるかを考える人です。マネージャーにとっては問題が生じないことが重要なので、変化よりも維持に優先順位があります。ですからある状況が起こると、マネージャーはその複雑な状況をどうやって処理するかに関心を寄せ、リーダーはこの状況をどうやってうまくリードし、変化をもたらすかに関心を持ちます。

マネージャーは変化を導く人ではなく、変化に順応し、きちんと適応できるように助ける人です。リーダーは新しい状況に向かっていく変化をもたらすようにします。ですから、マネージャーが維持するなら、リーダーはデザインし、開発します。マネージャーがいつも、私たちが失ってはならない最低限のラインがどこか、つまり、何が最も重要なボトム・ライン（bottom line）かを見ているなら、リーダーは反対にいつも一番高いところ、変化の地平線を見ています。そのため、マネージャーは維持のための変化に適応するしかありませんが、リーダーは変化しないことに耐えられず、変化に向かっていつも動いています。

だからウォレン・ベニスとバート・ナナス（Burt Nanus）は、リーダーとマネージャーの違いをこう述べています。「マネージャーはものごとを正しく行い、リーダーは正しいことをする」（Managers do things right, Leaders do the right things.）与えられたことをきちんと（正しく）行うのがマネージャーなら、きちんとした（正しい）ことを探してそれを行うのがリーダーだということです。ですから事を行うにあたって、マネージャーは「どうやって」するかが重要であり、リーダーは「何を」「なぜ」するかが重要になります。

私たちのリーダーシップが、九十％以上マネージャーの役割に偏っているなら、だれが未来のための変化を考えることができるでしょうか。リーダーが変化と未来を考えないなら、果たしてだれが未来の変化を考えるでしょうか。フォロワーの中にはそれを考える人はいません。リーダーの代わりになる人はいないのです。結局、どんなに大変でも難しくても、リーダーが変化を導かなければ、その組織は決して変化できません。リーダーにとって変化は、ジレンマの一つであり、リーダーが担うべき最も大きな役割の一つでもあります。

人々が変化を嫌う理由

マーク・トウェイン（Mark Twain）のことばにこうあります。「この世で変化を願う人は、おむつを替えてほしがる赤ん坊だけだ」（The only person who wants a change is a wet baby.）おむつを替えてほしがる赤ちゃん以外に、変化を願う人はいないというのです。名言ではありますが、時々赤ちゃんもおむつを替えることを嫌がるのを見ると、変化を願う人はだれもいないとも言えます。人々は変化を嫌います。変化が必要だと言っている人も、実際に変化するとそれほど喜びません。

変化を与えると、うまくいっているのになぜ変えるのかと言う人がいます。変化を与えなければ、いったいリーダーは何をしているんだと言います。そういうとき、変えるべきか変えないべきか、悩みがさらに深くなります。

しかし、重要なことは、変化しなければ淘汰されるという事実です。変化しなければ成功も続かないということを覚えなければなりません。変化はオプションではなく必須です。リーダーはそれを知りながらも、あまりにも多くの労力が必要なので、いつも変化の前で非常に苦しみます。

「このとてつもないエネルギーを注いでまで変化しなければならないのか？　ああ、やりたくない。でも、やらなければどうなるだろう。終わりだ。すべてが終わってしまう」

すべてのリーダーはこのようなジレンマに陥ります。マネージャーは、変化ではなく維持が目的なので、このようなジレンマに陥ることはありません。

人々はなぜ変化を嫌うのでしょうか。良いものは良いと、現在に満足している人は変化を嫌います。また特別な理由もなく、変化は無条件に嫌いだという人もいます。ある人々は、迫ってくる変化を信じられないからだと言います。リーダーを信頼できないため、その変化までも信じることができないという話です。重要な何かを失うかもしれないという恐れのために変化を拒否する人もいます。そうかと思えばある人は、変化を誤解しています。「どうしてあするんだろう。自分が楽をするために変えるのではないか？」と考えるのです。

しばらく前、かなりの予算を使って教会の音響設備を交換したことがあります。私たちの教会は礼拝の場所が二か所あるのですが、そのうちの一つである水枝《スジ》にある礼拝堂の映像システムがとても古くなったので交換したのです。もう一つの礼拝場所である盆唐《ブンダン》の礼拝堂まで一度に換えるには予算がかかり過ぎたので、そこは必要に迫られていた礼拝堂後方のモニタだけを取り換えました。ところがある日、一人の信徒からメッセージが来ました。「先生、盆唐《ブンダン》の礼拝堂はどうして取り換えないのですか。なぜ、後方だけ取り換えたのですか」。ここまでは理解できました。その方は本気なのか冗談なのかわかりませんが、その後にこう書いていました。「後方のスクリーンがよく見えれば先生にとっては一番いいでしょうが、先生のために後ろのスクリーンは取り換えたのに、どうして私たちのために前のスクリーンを換えてくれないのでしょうか」。それを見て大笑いしました。実際は、費用も足りないし、何よりも賛美チームのためにしたことでしたが、この方のように誤解することもあるのだと思ったのです。

リーダーとして変化を推進していると、このような困難は数知れず起こります。人々は変化についてよく知らないのに無条件に嫌だと言い、変化に対して否定的な話を言いふらしたりもします。変化の動機を疑う人々もいます。それでも、霊性リーダーは共同体のために変化の先鋒に立たなければならないのです。

どのように変化をもたらすか

変化はリーダーから始まらなければなりません。リーダーがまず変化するべきだ、ということです。これは二つの意味を含んでいます。まず、リーダーのパラダイムが変化しなければならないということです。なぜ変化しなければならないのか、何が変わるべきなのかについて、はっきりとした理解がなければなりません。またそれはリーダーが、変化を推進するときに通る痛みや苦しみや困難までも喜んで甘受するという意味です。つまり、本当に変わらなければならないなら、変化を推進する過程で受けるあらゆる困難に忍耐し、変化を理解できない人々すら抱きしめて一緒に参加させなければならないという、リーダーのパラダイムの変化が前提となるべきだということです。

次に、何を変化させるべきかを知らなければなりません。ここで登場する単語がビジョン、確信、勇気、信仰です。私たちに与えられたビジョンに対する確信を持ち、勇気をもって変化の場に出て行かなければなりません。私たちの変化を願う神の思い、それを導いてくださる神の摂理を見る信仰の目も必要です。

私たちクリスチャンは比較的変化に慣れています。変化は神が一番喜ばれる単語の一つだからです。神は変化の専門家です。神は私たちが変化することを願っておられます。そして、何が変わらなければならないかもよく知っておられます。ですからリーダーならば、神に求めてください。

何を変えるべきかわかったら、今度はいつ変えるべきかを知らなければなりません。これは本当に重要なことです。リーダーがまず変わり、何を変えるべきかを知ったとしても、変化の時を判断できなければ非常に大きな苦痛を味わうことになるからです。

ずいぶん前のことです。韓国に初めてベトナムのフォーが入って来たとき、知っている人以外はあまり食べませんでした。幸いなことに韓国人の口に合ったのか、しばらくして人気を集め、似たようなメニューを掲げた別のブランドが出て来始めました。もちろん、今は人々によく知られ、定着しています。そして今はベトナム料理だけでなく、インド料理をはじめとして世界各国の料理が韓国にたくさん入ってきています。

ところで、いまだに韓国にあまり伝えられていないのが、メキシコ料理です。アメリカでメキシコ料理店に食事に行くと、韓国人の口に実によく合います。もちろん、かなり以前に「タコベル」が入って来ましたが、あまり流行りませんでした。それにはいくつか理由があるでしょうが、そのうちの一つはタイミングだと思います。入って来るのが早すぎたのです。今、本格的なメキシコ料理店が入って来たなら、強い人気を博すのではないでしょうか。

人々が期待する水準に応えなければならず、変化に対する必要を正確に読み取ることも重要ですが、タイミングが合わなければ失敗します。人々の期待水準、変化に対する必要、タイミングの三拍子がそろわなければ、どんなに良いものでも成功するのは難しいということです。「いつ変化するか」というタイミングは本当に重要です。危機（Crisis）のときが、変化するのに最も良い時だと言います。危機を感じるとき、人々は変化に対して性急になるため、優れたリーダーは、むしろ危機を作り出すこともあります。

タイミングは神の主権です。パラダイムを見る観点、人を見る目、時間の流れを読む視覚、神の観点で見る目が必要です。人の観点がどんなに広いといっても、全世界と歴史と時間を見る神の観点とは比べられません。

最後に、変化するためには共同体、つまり従う人々に準備をさせなければなりません。変化に備えてシステムは準備しても、いざとなると人々の準備がなされていない場合が多いのです。霊性リーダーはフォロワーたちの心、その観点まで準備させなければなりません。そうするときにはじめて、変化のための準備が終わったということができます。

世界的に有名な自動車会社の一つはフォード社です。ヘンリー・フォードには、アメリカのすべての家庭に自動車を所有させるというビジョンがありました。ついにフォードはモデルTを開発して大きな成功を収めました。なんと発売から二十年近くで千五百万台も生産し、モデルTのヒットにより、フォード社はアメリカの自動車会社の中で最も順調な企業となりました。

しかしその間、自動車業界にも変化の風が吹くようになります。社会が豊かになると同時に、自由や個性などが強調されるようになりました。そこで、多くの人々がモデルTの色やデザインを変えようと提案しましたが、彼は聞き入れませんでした。あまりにも成功したモデルTに対する確信のゆえに、モデルTは完璧な製品だと最後まで固執したのです。

フォードは徐々に、アメリカの他の自動車会社であるゼネラルモーターズ（GM）とクライスラーに市場占有率で押されるようになりました。これらの会社が創意的なデザインや多様な色の自動車を発表したからです。フォードが市場の変化に鈍感だった反面、これらの会社は、もう少し楽しみたいという消費者の欲求を積極的に反映しました。その結果、一位を誇っていたフォードの市場占有率は徐々に下落し、以後、GMを抑えることはできなくなりました。

日々変化する現代社会において、霊性リーダーは変化について悩まずにいられません。どんな変化に向かってリーダーは進むべきなのか。変化の主であられる主とともに、主が願っておられる変化を導いていきましょう。

07

霊性リーダーシップとグローバル

リーダーは他の文化圏では学生になる

私は文化をとても重要と考えており、文化にまつわるエピソードを楽しんでいます。私自身、多様な文化に接してきたからです。私は高校生の時にアメリカに移民しました。アメリカは多民族国家であり、その分さまざまな文化が共存しています。後に家族と一緒にケニアに宣教師として派遣されたときも、そこの文化を直接感じ、韓国を離れて二十余年経って再び韓国に戻ったときも、変化した韓国文化を経験しました。そしてまたアメリカに行き、アメリカの中でも最も多文化的なカリフォルニア州で牧会をし、今はまた韓国に戻って牧会をしています。

ちょっと行って帰って来るのではなく、さまざまな地域で一定期間暮らし、そこの文化を実際に体験して適応したので、文化というトピックが私には特別に感じられるのかもしれません。とにかく今は、リーダーシップにおいても文化という単語を再認識するべき時が来たと考えています。しばしばテキスト（text）とコンテキスト（context）と言われますが、この二つは同時になければなりません。コンテキスト（文脈）がなければテキスト（文章）を理解することができず、テキストがないならコンテキストにメッセージがないからです。リーダーシップと文化もこのような見解で理解すればいいでしょう。

文化とは何か

文化にはさまざまな定義がありますが、一番簡単に言うなら、人々が生きる方法と言えます。文化によって知識（理解、論理）は異なります。私たちは虹の色を赤、オレンジ、黄色、緑、青、藍、紫の七色としますが、六色だとする文化があり、二色だという文化もあります。同じ虹を見ても、文化によって理解と論理が違います。

私が初めてアメリカに行ったときのことです。「シュガーフリー」（sugar free）という単語を見たとき、私はその商品に砂糖が無限に入っていると思いました。アメリカ式の思考では、砂糖からの自由（free）で、含まれていないことを意味するのですが、私は砂糖がフリーだと理解したのです。このように、同じものを見ても一八〇度違う考えをするのは、まさに文化の違いによるのです。同じ概念でも、見る視覚によってそれに対する理解と論理が変わってきます。

おいしいバナナに文化的側面から接近してみようと思います。バナナの皮をどうやって剝くでしょうか。ある人は果柄《かへい》から剝くでしょうし、ある人は逆側から剝くでしょう。多分、西洋文化に慣れた人は非常に実際的で、果柄から剝くのが簡単なのでそのようにします。では、反対側から剝く人はなぜそうするのでしょうか。その世界観から見れば、バナナの木につながっていた果柄部分が根本です。根本を持って先端から剝くべきだと考えるため、そのようにするのです。同じものでも、どんな知識や理論で見るかによって違ってきます。

文化によって、知識だけでなく感じ方も違います。さえずる鳥の声を聞いて、ある人は鳥が歌っていると言い、ある人は鳥が鳴いていると表現します。それぞれに感じ方が違うのです。

韓国ではいまだに補身湯《ボシンタン》〔訳注：犬肉を使った韓国料理〕を食べる人々がいます。彼らは犬を見るとおいしそうだと考えるかもしれませんが、アフリカのナイジェリアでは、犬はとても汚く不潔な動物だと認識されています。そこではペットの犬はほとんど見られず、道端でゴミをあさってばい菌をまき散らす犬しかいないからです。昔、私たちが猫を、恨みを晴らす動物だと認識して否定的に考えていたように、アフリカ地域では犬を否定的な動物として考えます。

美に対する感覚も異なります。アメリカ人は痩せすぎている人よりは、若干ぽっちゃりとしているほうが美しいと考えます。韓国の場合、かつてはぽっちゃりした女性が長男の嫁にふさわしいと高く評価されましたが、最近はダイエットブームによって細いことが美の象徴になりました。そうかと思えば、アフリカ人たちは、前歯の隙間が広いほど美しいと考えます。前歯の隙間が開けば開くほどおしゃれなのです。初めてこの話を聞いたとき、どんなに笑ったかわかりません。韓国ではすぐに歯医者に行くべきことが、ある国ではそれを美の基準としているのですから、まことに違うものです。

動物の鳴き声の表現も違います。もちろん似ている声もあります。牛の鳴き声は、韓国語で「ウンメ」ですが、英語圏では「ム〜」(moo)と言います。ひどいのは鶏ではないでしょうか。韓国語では「コッキオ」、英語では「クックドゥードゥルドゥー」(Cock-a-doodle-doo)です。コッキオとクックドゥードゥルドゥーが同じ声に聞こえるでしょうか。同じ声を聞いても完全に感じ方が違います。

文化によって、知識や感じ方だけでなく評価(判断)も異なります。するべきこと、してはならないこと、さしつかえないことなど、文化によって受け入れられる程度がそれぞれ違うのです。何が正しいか、どこまでが大丈夫かなど、判断の基準が文化ごとに違います。ある場所では短パンを履いてはならず、またある場所では帽子をかぶってはいけません。

私が韓国に帰って来てとてもつらかったことの一つが、床に座っていて立ち上がることです。今の教会に赴任してから、全教役者が集まって挨拶をする場がありました。ところが皆、立ち上がって自己紹介をするのです。座ったまま彼らの挨拶を受けるのが申し訳なくて、居心地が悪く、立たなくていいと言ったことがあります。また、韓国の文化では、座っていてもだれかが部屋に入ってくると立ち上がらなければなりません。一度や二度ではなく、人が入って来るたびにそうしなければならないのでつらくて、アメリカ式にずっと座ったままでいたことがあります。すると、牧師は立ち上がりもしないと不満があがりました。そのとき、文化の違いが確かにあるということを改めて悟りました。

説教も多く、講義も頻繁に行うので、その中でも文化の違いを感じます。外国人たちは講義や説教をする間、手が自由です。ポケットに手を入れることも多いでしょう。ところが韓国の文化では、それをとても不満に思います。講師がポケットに手を入れていると、とても生意気な態度に映り、よくないと考えます。単純に文化の違いなのですが、それによっていい人かどうか、決定されてしまうのです。

アメリカでは、太っていてもそのことを相手に言う人はいません。他人の体重を聞くことは非常に失礼なことです。ところが、韓国ではそうではないようです。私は初め、人々が何も言わないので問題ないのだと思っていました。後に体重を落とすと、その時からあれやこれやと言われるようになりました。言いたくても言えず、心に貯めておいたことが注ぎ出てきたのです。それを聞いて、「この人たちは、前は私をこのように考えていたんだなあ！」と思ったことがあります。文化とはこういうものです。

なぜ文化を知るべきか

文化人類学者たちは、このような文化の違いをさまざまな理由で説明します。その一つが、環境が違うために多様な文化が生成されたというものです。しかし、それだけでは説明できない点があります。同じように寒い国でも、布団を重ね着したり、厚い服を作る文化があるかと思えば、服を作る代わりに火をたく文化もあります。言い換えれば、環境の変化は文化の違いをもたらしますが、環境に適応する方法はとても多様なため、それだけでは文化の違いを説明するのは難しいということです。

私はこのことに対する最も良い回答は、神の創造性だと考えます。人間は、神のかたちに似ています。神のかたちには、万物すべてを造った創造の恵みがあります。私たちが神の創造性を見倣ったので、私たちに文化的な違いがあるのは当然だということです。文化的な違いは否定的なものではなく、神の創造世界です。

相互文化を意味するクロスカルチャー（cross-culture）や、二つ以上の異なる文化を意味するインターカルチャー（inter-culture）、多文化を意味するマルチカルチャー（multi-culture）など、他文化圏や多文化に対する多くの用語があります。それほど違う文化に配慮し、尊重するべき多文化社会になったという反証であり、一方ではグローバル時代を生きるための方法だと思います。

多文化に対する理解がなぜ重要なのか、霊性リーダーシップはなぜ文化を知らなければならないのか、共に考えてみましょう。

第一、文化は私たちの生活のあらゆる領域に入り込んでいるから。先に文化は人々が生きる方法だと述べましたが、これは生活がすなわち文化そのものだということです。したがって、文化を理解せずには何もできないほど、文化はとても重要です。

第二、今は遠くに行かなくても多文化、他の文化に接することができるから。今、韓国にどれほど多くの外国人が暮らしているかわかりません。私たちも海外によく行くようになりました。以前のように、たまたま飛行機に一回乗るという人生ではないということです。今は遠くに行かなくても、特に探さなくても、多文化が私たちの文化に入り込んでいます。

英語は今や世界の言語になりました。フィリピンに行けばフィリピン英語、イギリスに行けばイギリス英語、ケニアに行けばケニア英語、韓国に行けば韓国英語……。アクセントや発音が少し違っても構いません。今は全世界が英語を話すのです。今、私たちの目の前にはそのような世界が来ています。

第三、グローバル時代になったから。世界を理解せず、多文化を理解して尊重しないならば、決してグローバルにはなれません。グローバルは、オプションではなく必須になったからです。

第四、クリスチャンとして私たちが持っているメッセージや文化がとても重要だから。最近、韓国教会が困難の中にいます。私はその理由の一つが、教会が文化を正しく読み取っていないからだと思っています。韓国文化は変わり続けているのに、教会はその流れに乗れずにいるのです。

赤色と言えば無条件に共産党、共産主義者を連想していた時代がありましたが、今は「レッドデビル」というサッカー韓国代表チームのサポータースクラブがそれに代わっています。二〇〇二年のＦＩＦＡワールドカップのとき、数多くの人波が赤い服を着て道端にあふれ出て、応援戦を繰り広げたことを覚えているでしょう。文化は今、速い速度で変わっています。

私たちが毎年十一月第三週目にささげる収穫感謝礼拝は、韓国の状況とは合いません。アメリカのサンクス・ギビングデーの伝統に従って、すでに収穫が終わって、台風がやって来る時期に感謝礼拝をささげるのですから不協和音が起こります。私たちには五穀豊穣の秋夕《チュソク》〔訳注：旧盆〕があるではありませんか。秋夕を収穫感謝礼拝としてささげるのはどうでしょうか。

ヨハネの福音書1章14節には、「ことばは人となって、私たちの間に住まわれた」ということばがあります。これを神学的な用語で受肉と言いますが、私はこれよりも大きなカルチャーショックはないと思います。イエスが、みことばが人となって私たちのうちに住まわれた受肉こそ、文化に対する最も重要で聖書的なモデルだと考えます。もちろん、私たちはイエスのように百パーセントそうすることはできません。しかし、その原則だけは私たちにも有効です。

文化、どのように違うか

文化ごとに社会的地位（身分）や役割に対する理解が違います。普通、社会的地位を取りあげるとき、二つのことが考えられます。一つは年齢、性別、家柄のように先天的に与えられるもの、もう一つは学力、資格、実績（業績）など後天的に手に入れるものです。ある文化では前者をより重要とし、ある文化では後者のほうを重要とします。世界観（world view）によって変わってきますが、韓国では前者をとても重要と考えます。

井戸で水を汲むとしましょう。水を汲む人の順番はどうなるでしょうか。先天的な地位を重視する韓国では、年上の人から水を汲むことになります。一方、後天的な地位を重視する文化では、井戸に来た順に水を汲みます。ですから、世界観が違う文化圏に行くと、自国でリーダーが持っていた社会的地位や身分は、何も力を発揮できないこともあるのです。

役割も世界観によって違いが生じます。言い換えれば、同じ地位にいても、世界観が違えば役割が違ってくるということです。一例ですが、牧師という肩書は同じでも、文化によってその役割は異なります。特に主任牧師の場合、韓国ではリーダーシップを発揮することよりも、説教者としての役割が強調されます。ですから韓国教会の主任牧師たちは、聖日の説教を九割以上しなければなりません。そうしなければ牧会に関心がないとか、献身していないとか、信徒たちを愛していないと認識されます。

これに反して、アメリカの主任牧師たちは五、六割ほど説教をします。アメリカは韓国とは違い、牧師が説教者よりＣＥＯの役割をすることを期待します。そのためアメリカの牧会現場では、今もなおコミュニケーションが重要です。

ケニアの場合、説教の比率はさらに低く二、三割にとどまります。代わりに、残りの時間にチーム・ティーチング（Team Teaching）を行います。神学教育を受けられる場所が多くないからです。ケニアの文化では、牧師にマネージャーの役割を期待します。ですから信徒たちは、主任牧師は聖日にたまに説教をするものであり、毎週欠かさず説教すれば、かなり否定的に受け取ります。牧師に実力がなく、招いてくれる教会がないから自分の教会で説教するのだと考えるのです。むしろ説教をしないほうが、うちの牧師はとても立派だから外部での働きをたくさんしていると考えます。

このように、同じリーダーでも、文化ごとに世界観によって役割に対する期待が異なります。さらには、役割はあっても肩書がない場合もあります。韓国教会で最も代表的なものが勧士《コンサ》〔訳注：主に女性の信徒リーダーを指す〕です。外国の教会に勧士《コンサ》はいません。もう一つは伝道師《チョンドサ》ですが、これも外国とは異なります。直訳するとEvangelist《エバンジェリスト》ですが、実際は、伝道者だけを伝道師と呼ぶわけではないからです。アメリカでは神学生（seminarian）と呼ばれています。アメリカの神学生たちは、せいぜい教会学校の奉仕をするくらいです。ところが韓国では、神学校やバイブルカレッジに入ると伝道師と呼ばれ、在学中に牧会の働きに投入されます。外国に比べてかなり早く働きを始めるのです。同じ役割でも、肩書はあまりにも違います。

オランダのホフステード（G. Hofstede）は、文化と世界観によって変わるリーダーシップの価値の違いを語り、文化次元の四つのリーダーシップ理論を発表しました。

一つ、権力との距離です。リーダーとフォロワーの間の距離は文化によって異なり、権力の大きさと範囲によって、リーダーシップの役割（機能）が変わるというものです。ある文化では教授を名前で呼ぶこともあります。権力との距離が近く、教授と学生の間に隔たりがないのです。教授と学生の関係を役割の違いとして受け入れるだけで、パワーの問題とは考えません。韓国の文化は概して、権力との距離が遠いほうです。

権力との距離が遠いリーダーが、そうではない人々を導くとしましょう。この場合、フォロワーたちは、リーダーは自分たちに関心がないので距離を置くと考えます。反対の場合、権力との距離が近くなったフォロワーたちは、親近感をもって接近してくるリーダーを軽薄な人と認識するようになります。

二つ、不確実性の回避の度合いです。ある文化では正確に答えを与えることが重要なのに、ある文化では曖昧に答えることが重要です。韓国の文化では、リーダーは正確な答えを与えません。リーダーは体裁を保っていればよく、下にいる人々がリーダーの心を読んで判断しなければならないのです。このような文化では、目端の利く人が、能力のある人と評価されます。そうかと思えばある文化では、リーダーが自らの思いを正確に語り、はっきりと答える必要があります。

正確に答えを与えない文化に慣れたリーダーが、正確な答えを与える文化を持つフォロワーたちをリードすると想像してみましょう。果たして、どんな問題が生じるでしょうか。おそらくフォロワーたちは、いったい答えが何なのか、どのように決定したか、リーダーが正確に教えてくれないので気をもむでしょう。反対の場合はどうでしょうか。すべてを正確に指示するリーダーを見て、彼らはリーダーが重々しさに欠け、万事について根掘り葉掘り、ごく小さなことまですべて干渉すると考えるでしょう。

三つ、個人主義と集団主義です。非常に個人主義的な世界観を持つリーダーが、集団主義的な世界観を持つフォロワーを導くとき、どんなことが起こるでしょうか。フォロワーは、リーダーがとても利己的で自分のことしか考えないと不満を表すでしょう。反対に、集団主義的な性向のリーダーが個人主義的な性向のフォロワーを導くなら、フォロワーたちは私生活が侵害されてとても苦労するでしょう。

四つ、男性的か女性的か（課題優先か人優先か）です。簡単に言えば、男性のように強いリーダーがおり、女性のように穏やかなフォロワーがいます。男性的なリーダーを見ると、女性的なフォロワーは強すぎて荒々しいと考えます。また反対に、女性的なリーダーを見る男性的なフォロワーは、弱いリーダーシップだと考えて決して認めようとしないでしょう。

私たちの文化を理解し、他の文化を学べ

それでは、霊性リーダーは具体的に何をどうすればいいのでしょうか。

まずは、自分たちの文化を深く理解することです。「自分たちの文化なんて、当然知っているさ！」と言って、いいかげんに飛ばそうとしてはなりません。事実、この部分が最も多く見逃される部分です。自分たちの文化だからよく知っていると思うでしょうが、実際は氷山の一角しか知らない場合が多いのです。

「私たちの文化とは何か」と聞かれて、きちんと答えることができるでしょうか。おそらく大部分の人にとって簡単なことではありません。しかし、ことばで説明できないだけで、私たちは知っていますし、感じています。

自分たちの文化を理解する良い方法は、異なる文化圏に行くことです。そうすると、違う文化を理解することができるばかりか、他の人の目に映る自分の文化が見えてきます。

次に、他の文化を学び、尊重しなければなりません。他の文化を学ぶ方法は大きく三つです。「観察」と「質問」と「分析」です。

観察は関心から始まります。関心をもってその文化を注意深く観察していると、奥深くまで知ることはできなくても、うわべは見えます。

韓国の文化は対面文化であり、顔の文化です。トイレに行くと、トイレを清掃する人の写真が貼ってあります。ひとまず顔が見えれば、そのことに責任を負っているという考えがあるからです。時々、運転をしていてなかなか割り込めないことがあります。ところが不思議なことに、窓を開けて顔を出すと譲ってくれます。これを文化的に解釈するなら、次のようになります。窓を開けるまではサインを送っても私たちは他人同士です。ところが、私たちの文化はとても温かいので、窓を開けて顔を出し、目と目が合った瞬間、家族のような集団的な絆が形成され、それからはとても寛大になるのです。このように、観察すれば文化が見えます。

質問を通してもその文化を学ぶことができます。「これはどうしてこのようにするのですか。これはなぜこうなのですか。どうして韓国人は、皆同じメニューを頼むのですか。韓国人はなぜ最後に一つ残ったものをだれも食べないで、人の顔ばかり見ているのですか」。こうやってその文化について気になることを質問してみてください。

最後は分析ですが、これは少し時間がかかります。私が初めてケニアに言ったとき、おかしな点を発見しました。男でも女でも道端で用を足すのです。「この人たちは教養が足りないのか。いや、どうして野蛮人のように礼儀なしにどこでも用を足すのか」。一年をそう考えて過ごし、二年くらい経ってようやく理解できました。ケニアには公衆トイレがないうえに、ほとんどの人が徒歩で移動しているからでした。もう一つ、教会を開拓したのですが、人々はいつも三十分遅れて来ました。初めは信仰がないからだと思っていましたが、後でわかったのは、時計がなかったからでした。文化を理解すると、彼らの文化が未開だからでもなく、礼儀や知識や品格に欠けているからでもないことがわかりました。これが分析です。私たちは分析を通して、人々の生活を深く理解することができるようになります。

他の文化を理解できないときに生じる問題

リーダーが異なる文化を理解できないまま、その文化でリーダーシップを発揮するなら、どんな問題が起こるでしょうか。

第一に、文化的誤解が生じます。時間に対する文化的差異を例に挙げましょう。アメリカ文化では時間を正確に守らなければなりません。五分くらい遅れることは大目に見てもらえますが、それ以上遅れたら、必ず謝って理由を説明しなければなりません。そうしないなら「信用できない人」と認識されます。そうかと思えば、韓国文化では、道路があまりにも混んでいるので、十〜二十分遅れることは当たり前だと考えます。一方、ある中東国家では約束の時間より三十分くらい遅れるのが良いとされています。定時に来るのは奴隷だけだと考えるからです。主人や著名な人であればあるほど、遅く到着するべきだという考えです。ですから、それを知らずに三十分前から待っていたなら、身分の低い人だと誤解されることもあります。

大使館でアメリカ人とメキシコ人が集まってカクテルパーティを開いたとしましょう。個人主義の傾向の強いアメリカ人は、対話のときも若干距離を置くほうです。ところが南米人は韓国人と似ていて、とても近い距離で話すことを好みます。

パーティでアメリカ人とメキシコ人が出会って話し始めましたが、アメリカ人は十分な距離を保って対話に臨みます。しかし、相手のメキシコ人は二人の間が遠すぎるので落ち着きません。そこで自分でも気づかずにアメリカ人のほうへ一歩近づきました。やっと落ち着くと、今度はアメリカ人が不満を感じました。

「この人は、上司のようにやたらにくっついてくるな！　きつすぎる」

アメリカ人は無意識に一歩後ろに下がります。それを見たメキシコ人はどう思うでしょうか。

「この人、私のことが嫌いなのか？　どうして下がったんだろう？」

メキシコ人はこう考えて一歩近づきました。するとアメリカ人はまた一歩後ろに行き……。

三十分ほど経つと、アメリカ人はメキシコ人に押されて壁にくっついていたそうです。

このように、相手の文化を正しく理解しないと誤解が生じるのは火を見るより明らかです。

私がケニアの宣教師だったときもこんなことがありました。集会を終えて外に出て、信徒たちと挨拶をしていたのですが、大人も子どもも区別なく頭を差し出すのです。初めは困惑して、いったい何をしているのかと思いました。ところが後になって、それが愛と尊敬のしるしであることがわかりました。昔、大人たちが子どもたちの頭をなでてやったように、そこでは牧師が頭を差し出す信徒の頭をなでることが、関心と愛情の表現なのです。彼らの文化を理解してからは、頭を差し出されれば無条件に祝福しました。

第二に、自国の文化に対する独善さが生じます。自分の文化の物差しで、他の文化を判断するようになるのです。

「貧しいのは理由があるな。怠け過ぎているからだ」

「この良いものを開発すれば、今よりはるかにいい暮らしができるのに……」

「もっと大きな道路を造ればいいのに。これはなんだ」

「あらあら、あんなふうに建物を建てたらだめでしょう」

まるで経済コンサルタントにでもなったかのように、その国のことを心配しているようです。

事が早く進行せず、経済が成長しないとき、私たちは怠けているからだと考えます。それだけでなく、学校を学びの場と考えているため、学校に通っていなければ学のない人だと決めつけてしまいます。しかし、これは間違った態度です。彼らがどうして学べなかったか知っているでしょうか。アフリカのジャングルには学校がありません。だからといってそこの人々は学のない人でしょうか。そうではありません。彼らはジャングルで生存する方法を習得しています。学校に通った私たちがそこに行ったとしても生きていけないでしょう。だから私たちの物差しで他人の文化を判断してはいけません。

ケニアで働いているとき、現地の人から食事に招待されたことがあります。一緒に働く先輩宣教師たちは、現地の人の招待を受けたら必ず食事をしてから行くようにと言っていましたが、当時はどういう意味か全くわかりませんでした。私は妻と子どもたちを連れて行きました。客を招待したなら、当然食事を用意して歓迎するのだと思っていました。ところが、どういうことでしょうか。現地の人の夫人は私たちが来ることも知らず、私たちが到着してから買い物に行きました。冷蔵庫がないので、食事を作っておくこともできません。結局、買い物に行って料理して食事をするまで、二〜三時間は優に待たなければなりませんでした。コーラを飲みながら待っていたのですが、本当にお腹が減って腹が立ちました。だからと言って、その人たちが間違っているのでしょうか。いや。間違っているのではなく、文化が違うだけです。私たちは自国の文化に対する独善さを捨て、文化の違いを認めなければなりません。

他の文化を学ぶ三つの姿勢

霊性リーダーは、違う文化を学ぶとき、次の三つのことを覚えておかなければなりません。

一つ目は、違う文化を学ぶために学生になろう！　先生になり、教えようとばかりしてはいけません。自文化至上主義に陥って、自分の文化の基準で他の文化を判断し、評価してはいけないということです。

私たちは大抵、他文化の家庭を見るとき、西洋人であれば少し高く評価します。一方、私たちより貧しい国の人だと、なぜか知識も恵みも信仰も足りないと判断します。私がアメリカで勉強していたときのことです。東南アジアから来た留学生たちがいましたが、貧しいので学校で清掃のアルバイトをしていました。ところがある日、授業で討論をしたところ、彼らの話を聞いてとても驚きました。知識水準は相当なものであり、よく知っていくと、彼らの国では私よりも高いレベルの人でした。そのときようやくはっきりと悟りました。私たちの文化的判断ではなく、彼らの文化で彼らを尊重するべきだということを。

二つ目に、ゲスト（お客様）になろう！　私たちはホスト（主人）になろうとします。ホストになれば自分の思いどおりにできるからです。しかし、ゲストは慎重になるしかありません。食事がテーブルに並んでいなくても、ゲストはただ与えられたものを食べて感謝します。他の文化圏では、リーダーはゲストにすぎないことを覚えておきましょう。

三つ目に、しもべになろう！　仕える心でその文化を尊重してください。彼らの世界観を理解し、重要に考えるのです。

使徒パウロは言いました。「私はだれに対しても自由ですが、より多くの人を獲得するために、すべての人の奴隷となりました。ユダヤ人にはユダヤ人のようになりました。それはユダヤ人を獲得するためです。律法の下にある人々には、私自身は律法の下にはいませんが、律法の下にある者のようになりました。それは律法の下にある人々を獲得するためです。律法を持たない人々に対しては、――私は神の律法の外にある者ではなく、キリストの律法を守る者ですが――律法を持たない者のようになりました。それは律法を持たない人々を獲得するためです。弱い人々には、弱い者になりました。弱い人々を獲得するためです。すべての人に、すべてのものとなりました。それは、何とかして、幾人かでも救うためです」（Ｉコリント9・19－22）。

パウロは多文化的状況でその人々の文化に適応し、歩み寄ったのです。彼は自由人であり、そうする必要があったわけではありませんが、より多くの人を救うためにそうしました。これが文化に対するリーダーシップの理解です。違う文化を尊重して、人々を愛するのです。それを影響力と言うならば、霊性リーダーはまさにグローバルリーダーでしょう。

08

霊性リーダーシップとリーダー

一人の優れたリーダーが優れた共同体である

人を重要と考える

最近、私たちの社会は共感のリーダーシップ、疎通のリーダーシップ、温かいリーダーシップに飢え渇いています。これらは数年前まで、男性リーダーシップと女性リーダーシップを区別し、女性リーダーシップの特徴として挙げられていたものです。しかし、時が経つにつれて、今は強いリーダーシップよりも、むしろ共感し、疎通し、分かち合うリーダーシップのほうが多くの人の心を動かすのにはるかに効果的だということがわかってきました。そこで最近は、これまで女性的リーダーシップだと言われていたリーダーシップこそ、男性も学ぶべき、より優れたリーダーシップと認める傾向にあります。

霊性リーダーシップは、何よりも人を重要とします。霊性リーダーにとって、人は手段ではなく目的です。彼らは神からゆだねられた人たちです。霊性リーダーは、人々をコントロールして自分に仕えさせ、自分が願うことをやらせる存在ではなく、かえって自分をコントロールして、神からゆだねられた人々を尊重し、その人々のための神の目的に導く存在です。

私は教会で働く女性伝道師を格別な存在だと考えています。彼女たちには共通点が一つあります。何となく伝道師になった人は一人もいないということです。彼女たちが今の立場についたのには、「恨《ハン》」という単語がありました。ほとんどの女性伝道師の人生には大きな傷や苦しみ、痛みがあり、それがいやされる神の御手を体験して、主の道を歩くことに献身したのです。

実際、女性伝道師たちは男性牧師よりも熱心に働きます。しかし、ほとんど認められることはありません。宣教の歴史を見ても、いつも大変な場所には独身の女性宣教師たちが真っ先に入りました。彼女たちがまず入って道を作ると、ようやく男性宣教師が入って羽振りをきかせるのです。今からでも、私たちの教会だけでなく、韓国の教会が女性伝道師を尊い存在として考え、配慮をしてほしいと思います。

人を感動させること、人の心を動かすことは意外に簡単です。何か大きなことをしなければならないのではありません。人々が自分に抱く期待よりも少し上を行くならば、すぐに心に触れることができます。周囲の人々にもう少し関心を持ちましょう。関心があれば観察するようになり、それは新しい理解と新しい変化をもたらすのです。

私たちの教会の村長、牧者〔訳注：小グループのリーダーの呼称〕たちと食事をしていると、特に姉妹たちがよく料理の話をします。私は料理をするわけではありませんが、彼女たちの話に関心をもって耳を傾けていると、若干の知識を身に付けることができました。そこで、訪問に行ったり、集会で食事をともにするとき、用意された料理を見て「今日は手に込んだものを用意されましたね！」と言えるくらいにはなりました。すると、牧師がどうしてそんなことを知っているのかとびっくりされるのですが、実際、女性たちの話をよく聞いていればすべてわかるのです。関心をもって観察した結果です。尊重する心で見れば、見えてくるものです。

羊飼いリーダーシップ

人を重要とする考えを最もよく現しているのが、ヨハネの福音書10章に出てくる羊飼いリーダーシップです。最近、羊飼いリーダーシップに関する研究をしながら、私はこれまで羊飼いについて、多くを見落としてきたという事実に気がつきました。聖書を見ると、神が「わたしはイスラエルの羊飼いだ」と言うときは、単純にわたしはあなたがたを愛するという表現ではなく、羊飼いである神が導いてくださる、という表現が続けて書かれていることがわかります。リーダーシップの観点で羊飼いを見るとき、人、共同体、関係に対するリーダーの姿を発見しますが、そのうちのいくつかを分かち合いましょう。

第一に、羊飼いは羊（の名）を知っている。

彼は自分の羊をその名で呼んで連れ出します。（ヨハネ10・3）

羊の名を呼ぶということは、羊飼いが羊を知っているということです。人を重要と考え、尊重することは、言い換えれば、その人（の名）を知っていることです。

私は地球村教会に赴任してから今まで、毎週火曜か水曜に必ず信徒を訪問します。信徒の数が多いので、主任牧師が定期的に訪問するということはあまりなく、そういう牧師がいたとしても太平洋に一滴のインクを垂らすようなものだということは知っています。信徒があまりにも多いならば仕方のないことであり、信徒たちも期待しません。しかしこれは、私にとって重要なことでした。

「先生、大変でしょうに、どうしてそこまでするんですか？」

私の計画を聞いて、最初、ある方は心配をしました。

「そうしなければ、私が信徒に会う機会がありません」

日曜日もまともに握手すらできないほど、信徒たちとの距離が遠すぎるのが、私はいつも残念だったのです。信徒の数が多くて仕方がないと言うが、神が私にゆだねてくださった神の人々を尊重することが私の使命なので、苦心の末に訪問することを決心したのです。

訪問をして感じたことの一つは、期待以上の効果があるということでした。大抵、一週間に二家庭を訪問するのですが、効果は二家庭以上です。一度日程を決めれば、訪問する家の近くの人々の噂になります。すると、その話を聞いて他の人たちも私の訪問を待ちます。可能性が全くないのと、一パーセントでもあるのとでは雲泥の差です。そして少人数であっても、私が訪問する信徒だけでなく、共同体全体に対する尊重として現れています。

イエスはラザロと関係を築き、交流をしました。イエスは彼を知っていました。ですから死んだラザロを生き返らせるとき、「ラザロよ。出てきなさい」(ヨハネ11・43)と大声で名前を呼びました。もしあのとき、イエスが彼の名前を知らなかったらどうなったでしょうか。もしかしたら、大混乱が起こったのではないでしょうか。すべての死体が皆、出てきたかもしれません。それぞれの名前を知っているということ、それはすなわち、その人に対する尊重のしるしです。

第二、羊飼いは先頭に立つ。

彼は、自分の羊をみな引き出すと、その先頭に立って行きます。(ヨハネ10・4a)

羊飼いは羊を何となく行かせるのではなく、先頭に立ちます。羊がついて来られるように、先頭で導くという意味です。リーダーは、自分が行ったことのない場所に人々を導くことはできません。先頭に立つということは、後について来る人々のために道を作るということです。

カタツムリが移動する方法について聞いたことがあります。カタツムリは、他のカタツムリが通った道をそのまま移動するそうです。カタツムリは筋肉を動かすのではなく、分泌液を出してそれに乗って移動するのですが、カタツムリが通った道にはその分泌液が残っているので、後から行くカタツムリは、三十パーセントほど少ない分泌液を出すだけで、同じ速度で移動できます。とてもゆっくり動きますが、カタツムリは、先頭に立つカタツムリの道を捜すのです。少ない分泌液で、エネルギーを節約して移動するという固有の生存の知恵は興味深いものです。

リーダーはちょうどこれと同じです。先頭に立ち、自分の分泌液で道を作ります。その道を通って自分について来る人々、自分にゆだねられた人々が進むのです。リーダーが迷えば、後に続くフォロワーたちはもっと迷ってしまいます。

第三に、羊は羊飼いの声を知っている。

すると羊は、彼の声を知っているので、彼について行きます。（ヨハネ10・4b）

羊は多くの人の声が一度に聞こえても、自分の羊飼いの声を聞き分けます。羊が羊飼いの声を知っているということは、羊と羊飼いの間に疎通ができているという反証です。羊飼いが何を願っているか、怒った声なのか、空腹なのか、それがわかるほどに羊飼いと羊の間には妨げるものがないということです。羊の名を知り、道を作り、羊とよく疎通すること、これがまさに共同体のリーダー、個人とリーダーが作り出す羊飼いリーダーシップです。

リーダーシップの講義をするとき、時々受ける質問があります。

「副牧師の中で、苦労をかけさせる人に対してはどうすればいいですか」

ほとんどは立派な方々ですが、中にはそうでない人もいます。時には「なぜ、こんなことも知らないのか」という思いになることもあるでしょう。だからといって思いつくままにすべて口にしてはいけません。必ず指摘しなければならないことであれば、何度でも祈り、苦心して傷つかないように伝えなければなりません。

以前、ともに働いていた牧師の一人もそうでした。会議のたびに準備をせず出席します。面談も行い、忠告もしましたが、何も変わりませんでした。それでも最後までその人を抱き、忍耐し、励まし、祈りました。何年か後、その牧師に会う機会があったのですが、自分にとってはあのときが最高の時間だったと私に言うではありませんか。私にとってはとても大変な時間だったのに。これが人を重要に考え、尊重することです。

ルカの福音書15章には、九十九匹の羊を置いて、いなくなった一匹の羊を捜しに行く羊飼いの話が出てきます。私はここを読むたびに、いつも心のどこかで不満がありました。いなくなった一匹の羊を捜しに行くことは百パーセント理解できますが、だからといって九十九匹の羊を置いて行った羊飼いの行動は果たして正しいのか、それが引っ掛かっていたのです。論理を重要と考える私にとって、これは非常に大きな問題でしたが、最近、その答えを得ました。

羊飼いが一匹の羊を捜すために、九十九匹の羊から離れざるを得なかった理由は三つです。

一つ、迷って戻れなくなった羊は死んだも同じだから。羊飼いが見つけなかったならば、いなくなった羊は決して自分で戻って来ることはできません。荒野から戻れないとしたら、それはすなわち死を意味します。ですから羊飼いは、九十九匹の羊を置いて行くしかないほど切迫していたのです。

二つ、いなくなった一匹の羊は、羊飼いが本当に愛する羊だから。愛であるなら、羊飼いが一匹の羊を捜しに行った行動を理解できます。

三つ、残りの羊たちからの信頼のゆえ。残された九十九匹の羊は何を思ったでしょうか。「私たちを置いて、羊飼いがあの一匹の羊を捜しに行った!」こう考えるかもしれませんが、違う見方をすれば、「私がいなくなったときも、羊飼いはあんなふうに捜しに来てくれるんだなあ!」という信頼が生じないでしょうか。普段とは違って突然、いなくなった一匹の羊を捜しに行くと言ったならば、「おかしいなあ。どうして私たちを置いて……」と思うでしょうが、いつも愛し、関心を傾けていた羊飼いならば、羊たちもそれを当然と考えるでしょう。羊飼いの心を知っている共同体なら、一匹の羊を捜しに行った羊飼いを見て、むしろ安堵し、感謝するようになるのです。

これがルカの福音書15章に出てくる羊飼いの秘密です。羊は羊飼いにとって、手段ではなく目的であり、愛であり、関心でした。

霊性リーダーシップはリーダーを重要と考える

霊性リーダーシップは、人を尊重して愛するだけでなく、人々がリーダーになるように助けます。霊性リーダーはリーダーをリードします。

二種類のリーダーがいます。パワーをもらうリーダーと、パワーを与えるリーダーです。霊性リーダーは、エンパワード（empowered）だけでなく、エンパワーリング（empowering）するリーダーでなければなりません。言い換えれば、人を立ててリーダーにするリーダーにならなければならないのです。「鳶が鷹を生む」ということわざがありますが、霊性リーダーは鳶から鷹を生まれさせる人です。彼らのことも神がリーダーとして召し、お立てになりました。神は彼らの人生を通して良い影響を及ぼすことを願っておられるので、霊性リーダーは、彼らがその役割を果たせるように助けなければなりません。

では、どうやってリーダーを立てるのでしょうか。イエスは弟子たちを召し、リーダーとして立て、訓練しました。ペテロを召したときは、「あなたをケパと呼ぶことにします」と言っています。ケパは「岩」という意味です。イエスが初めてペテロを召したとき、彼は散々な状態でした。しかし、主は砂にもならないペテロに向かって、あなたはこれから岩になると宣言したのです。「呼ぶことにします」という表現が重要なのです。イエスはペテロが持っている潜在力と影響力を見ました。彼の中にリーダーを見たのです。主はそのようにリーダーを立て、リーダーを作り、リーダーを重要と考えました。

私は一週間に二回、トレーニングに運動をしています。始めたときは、何しろそれまで運動をしていなかったので、とても大変でした。しかし、訳もわからずパーソナル・トレーナーの言うとおりに一生懸命やっていると、多くの変化がありました。

ところが、ある程度経つと、トレーナーが何をしているか、すべてわかるようになりました。数を数えたり、「もう一回」と言うこと以外に何もしていなさそうです。

「あれなら自分でもできるし、それでもよさそうなのに、パーソナル・トレーナーをつけなければならないのだろうか」

「私ももう十分わかったから、一人でやってもいいんじゃないだろうか？」

こんな考えも浮かんでいたので悩みましたが、トレーナーからの指導を受け続けようと心を決めた出来事がありました。

その日もトレーナーの個人指導を受けて運動をしていました。その日に限って、数字を数えているときに違う感覚がありました。トレーナーが一、二、三と言うと、三で力が入りました。九回続けたので疲れてしまい、終わりにしようとしたときにトレーナーが「もう一回！」と言うと、知らず知らずのうちにそうできました。また、私がとてもつらそうにしていると、手を伸ばして、「私は触っているだけですよ」と言ってくれるのも助けになるような気がしました。

「ああ、お金を出してでもやる価値があるな！　これが励ましなんだ！」

そのとき悟りました。特別なことをしていないように見えても、トレーナーの彼が力強く数を数えると、力がわきました。一言の励ましが、私の力以上のはるかに多くの力を発揮させてくれたのです。

霊性リーダーは、励ましでリーダーを育てます。励ましとは、いつも良いことばかりを言うことではありません。一緒にいることも励ましです。つらい時間を共に過ごすことも励ましです。霊性リーダーは人々の力にならなければなりません。

地球村教会に赴任していくらも経たない頃、教会のリーダー格にあたる十余名の牧会者たちと修養会に行ったことがあります。そのとき、ある方が私にこんな質問をしました。

「先生が追求する、私たちの教会のＤＮＡは何ですか」

「どういうことですか？」

私は聞き返しました。

「前の主任牧師は、セルグループ重視の牧会と説教に主眼を置き、それが私たちの教会の誇るＤＮＡでした。新しく来られた先生が願われるＤＮＡが何か、気になります」

私は少し考えてからこう答えました。

「私が考える地球村教会のＤＮＡとは、皆さんです」

私のことばを聞いた牧師たちは、急に、金槌で殴られたような表情をし、それ以上何も言いませんでした。そうです。私の最も重要な働きの一つは、一緒にいる人々が成長するように仕えることです。あなたは同労者、フォロワーたちがリーダーとして立てられ、成長できるように、その人々の力になっているでしょうか。

霊性リーダーシップはチームを重要と考える

また、霊性リーダーシップは、チームを重要と考えます。私が一番喜びを感じるのは、チームで働くときです。チームのメンバーが一緒に集まって話をし、一緒に決定し、それを実行して実を結び、成長する姿を見ることほどうれしいことはありません。一緒にいることのできるチームがあるということは、どれほど感謝なことでしょう。

チームを重要と考える霊性リーダーは、「あなたの成功は私たちの成功であり、私たちの成功はあなたの成功だ」と言います。そうでないリーダーは、「あなたの成功は私の成功であり、私の成功は私の成功だ」と考えます。

「船頭多くして船山に上る」ということわざがあります。治める人なしに、何人もが自己主張ばかりするなら、事をまともに進めるのは難しいことを比喩的に表現したことばです。しかし、私はこれを少し違う観点で解釈します。船はなぜ、海にだけいなければならないのでしょうか。チーム・リーダーシップは船頭が多く、海はもちろん、船が山に上ることさえできるパワーを持っています！

韓国では、まだチーム・リーダーシップが定着していません。カリスマの強いリーダーから傷つけられた人々が、それに対する反発としてチーム・リーダーシップを語るくらいです。そのような人々は、君臨するリーダーシップに痛めつけられたので、「私たちはみんなで一緒にやろう」「チームが重要だ」と言いますが、厳密に言えば、強いリーダーシップに対する反発で始まったチームはまともなチームとは言えません。多くの場合、このように平等を掲げて出発したチームは、後に皆一緒にダメになり、壊れてしまいます。優れたチームになるためには、優れたチーム・リーダーが必要だからです。

バスケットのアメリカ代表はドリームチームとも呼ばれ、プロ選手の中でも最も優れた選手を選んで作られます。つまり、攻撃が最もうまい選手、守備が一番できる選手、センターが最も上手な選手、ゴールを一番よく入れる選手などを選抜してチームを作り、代表チームとして国際大会に出場するのです。彼らが大会に出たら優勝するでしょうか。結論から言うと、そうとは限りません。個々人が皆、抜きん出ているからこそ、チームプレーができないことがあるのです。

優れたチームのためには、より優れたチーム・リーダーシップが必要です。霊性リーダーは、チーム・リーダーシップの重要性を知っています。ですから、チームのメンバーが共に成長できるように助けます。

チームが共有するべき七つのこと

チームとは、あなたのいる職場かもしれませんし、あなたが属する小さな共同体や、あなたの家庭かもしれません。チームが共有するべき重要な七つのことを見ていきましょう。

最初に共有するべきものは、ビジョンです。同じ絵を見て進まなければ、同床異夢《どうしょういむ》になるしかありません。ソファを動かすとしましょう。一人は後ろに行こうとし、一人は前に行こうとするなら、右往左往するだけで、少しも動かせません。同じ方向に進まなければ動かすことはできないのです。ですから預言者アモスは「ふたりの者は、仲がよくないのに、いっしょに歩くだろうか」（アモス3・3）と言いました。同じ方向、同じビジョンを見ることが重要です。

二つ目は、価値です。チームは、重要な価値と選択基準を共有しなければなりません。重要なものを同じように重要と考え、重要でないものは同じように重要でないと考えなければ一緒に進めません。

三つ目は、尊重です。チーム内に、互いに対する尊重がなければなりません。まずは、その人が持っている賜物に対する尊重があるべきで、同時に、その人が同じチームにいるということに対する尊重がなければなりません。各自違う賜物に従って役割を配分し、各人の独特性を認め、その人の人となりに対する尊重がなければならないのです。

四つ目は、信頼です。互いに対する信頼がなければなりません。信じられず、疑ってばかりいてはチームになれません。

五つ目は、愛です。優れたチームはその中に互いに対する顧みがあります。互いに関心をもって気を使い、必要と状況に合う助けを与えます。

六つ目は、献身です。チーム内で各自に与えられたものに対する献身がなければなりません。

熱心を尽くし、最善を尽くすのです。

七つ目は、励ましです。チームは、互いを称賛し、慰め、励まし、力にならなければなりません。

あなたが導くチームはこれらを共有しているでしょうか。霊性リーダーは、チーム・リーダーです。

霊性リーダーシップは後継者を重要と考える

霊性リーダーシップは、後継者を重要と考えます。「後継者のいない成功は失敗だ」（Success without a successor is a failure）ということばもあるように、リーダーにとって、後継者の存在は成功を意味します。

私たちはしばしば、リーダーシップの委譲をリレーにたとえます。リレーで重要なのはバトンパスです。どんなに速く走っても、バトンをうまく渡せずに落としてしまったら、多くの時間を失います。残念なことに、私たちの周りにはこのようなリーダーシップの委譲問題が頻繁に発生しています。後継者を重要なものとして考えないからです。

ジム・コリンズ（Jim Collins）は「タイムテラー」（時間を告げる人）と「クロックビルダー」

（時計を作る人）という概念を用いて、後継者に対する洞察力を提示しています。リーダーが時間を告げるのはとても良いことだが、その人がいなくなったら時間を告げる人もいなくなる。したがって、時間を告げる人より、時計を作る人になりなさいということです。そこである人は、自分がリーダーの役割を担った最初の日から、自分の後継者について考えたそうです。同じように私も、自分より十〜十五年若いリーダーたちを注意深く観察しています。その中に、おそらく私の後を継ぐ次のリーダーがいると考えているからです。

このように、霊性リーダーシップで後継者を語る理由は、リーダーが永遠ではないからです。リーダーの役割は皆、臨時的なものでしかありません。私たちはオーナーではなく、管理者にすぎません。ですから霊性リーダーシップは、謙遜になり、未来の後継者を準備しなければなりません。

SPIRITUAL

PART3

霊性リーダーのたましい

LEADERSHIP

09

霊性リーダーシップと霊性

リーダーのたましいを支える力、霊性

たましいのバラスト水

二〇一四年に起こったセウォル号の沈没事件を通して多くの人々の関心を引いたものの一つがバラスト水でした。これは、船舶の運航時に重心を維持するために、船の下や左右に設置されたタンクに入れる海水を指します。船舶に積む貨物の重さによってその量を調節します。バラスト水が正しく入っていれば、船舶はどんな状況でもバランスを取ることができますが、そうでない場合、船舶の復元力が弱くなって一方に傾き、沈没してしまいます。

私は、霊性リーダーにもバラスト水のようなものが必要だと考えています。人々のたましいを導き、その心を動かすことは、時にリーダーのたましいを非常に荒廃させます。リーダーも人間ですから、疲れ果てることもあります。まるでたましいを削り取られて、回復する弾力性

を失ってしまったかのように、簡単には戻れない状況に置かれることがあります。このときに必要なのが内的な力です。別のことばで表現すれば、たましいの力、霊性、すなわち神との関係です。

リーダーの役割を担っていると、過負荷に陥りやすくなります。過負荷になると、肉体が疲労によって傷つくのはもちろん、感情にゆとりがなくなり、たましいも揺るがされます。

オフィスでよく使われるコピー機を例に挙げてみましょう。コピー機の取扱説明書には、その機械が一分間に何枚コピーでき、一日、また一か月、一年に何枚くらいコピーできるかが書いてあります。ところが実際には、説明書よりもはるかに多く使用するようになります。すると過負荷になります。ところが不思議なことは、それにもかかわらず、その機械では変わらずにコピーができているという事実です。すでに過負荷な状態、言い換えれば、機械の能力以上にこき使っているのに、機械は自分の仕事をしているのです。

同じようにリーダーもまた、過負荷に陥っているにもかかわらず、その役割を変わらずに担うことができます。過負荷になった事実を認知できず、継続して以前のように働こうとするのです。しかし、過負荷になっていると、たましいのバラスト水である内的力が枯渇し、復元力が弱まるので、結局どこかでバランスを崩すことになります。

たましいが荒廃しているにもかかわらずリーダーの役割を担い続けるならば、ある瞬間に、リーダーがフォロワーのたましいを苦しめるようになり、さらには彼らを失うことにもなります。荒廃したたましいでは、人々を導くことは難しいからです。

では、どうすればたましいが荒廃せず、リーダーの役割を担い続けることができるのでしょうか。どうすれば霊性をよく管理し、より豊かに、霊的なパワーで人々を導くことができるのでしょうか。

10 Pを警戒せよ

あらゆるものを手にしているように見えるクリスチャンの姉妹がいました。外見も家庭の状況も子どもたちも立派でした。ところが、彼女にはコンプレックスが一つありました。それは幼いとき家が苦しくて、中学校までしか出ていないことでした。いつも心の片隅に「私は中卒だ」という思いがあり、それが彼女を苦しめていました。大学を卒業した人を目にすると、自分よりも洗練されているように見えるため、胸が詰まってつらくなりました。中卒だという事実が彼女の人生の判断基準であり、存在価値になってしまったのです。

この姉妹にとっては「中卒」がコンプレックスですが、あなたはどんなことに意気消沈するでしょうか。ぱっちりとした目の人を見るだけで、耐え難いほどつらい思いをするという人がいます。貧しいことがコンプレックスだという人がいれば、勉強のできない子のゆえにストレスを受けるという人もいます。コンプレックスがあると、自分がどれほど役に立たず、駄目な人間かを思い知らされるので、耐えられません。これさえあれば、これさえ達成すれば、そうすることとさえできれば、私はもっと重要とされ、もっと愛され、もっと認められるだろうと考えます。自分にないものが傷になるのです。

自分にないものを手に入れようともがいて、ついに不足を満たしたとしましょう。そうすれば、私という人間の存在価値が上がるでしょうか。中卒という不名誉を消そうと努力して、大学を卒業すれば、それですてきな人になるのでしょうか。そうではありません。それよりも、良い大学を出ていないことがコンプレックスになるでしょう。大学院を出ていないことが、留学していないことが、また自分を苦しめるでしょう。

人の存在価値は、どこから来るのでしょうか。自分に対する価値判断の基準は何でしょうか。世が判断基準とする10の「P」があります。事実、私たちはこの10Pを得るようにと教育され、暗黙のうちにプレッシャーを受けているので、そこから自由になれません。神のみことばを基準とすべき私たちクリスチャンさえも、世が示す10Pで人々を判断し、接しているのです。10Pとは、世の判断基準であり、自分の存在価値に対する評価基準でもあります。10Pで人を評価するだけでなく、自らの存在価値を評価する基準としても用いているのです。

1P　知覚（Perception）

一つ目のPはPerception《パーセプション》――どのように見えるか、つまり外見のことです。他の人から評価される自分の外見が、自分の存在価値を決定する基準となるのです。良い評価を受ければ重要で価値がある人であり、良い評価を受けられなければ価値が低く、重要ではない人になります。

私たちは幼い頃から、かわいくて、顔かたちが整っている子どもがより多くの関心と愛を受けるのを見て育ちました。ですから、もう少しかわいければ、もう少し痩せていたら、もう少し魅力的なら、もう少し洗練されて見えれば、もう少し顔かたちを整えたなら、もう少し良い待遇を受けられると考えます。これが今日、老若男女を問わず、美容皮膚科で〝皮膚管理〟をし、整形手術をする理由です。

ある日、家族で大型ショッピングモールに買い物に行きました。ちょうどペットショップを通り過ぎたとき、生まれたばかりの小犬がとてもかわいくて、子どもたちがその小犬に一目ぼれしてしまいました。その場で、お年玉で買わせてほしいとねだるので、マルチーズを一匹連れて帰ることにしました。二匹のマルチーズのうち一匹に決めなければならないのですが、片方が一万円ほど高かったのです。見た目は似ているし、生まれた日も同じだったのに、です。

「あれ、どうしてこの小犬のほうが高いんですか」

すると店員は、当然だというように答えました。

「高い小犬のほうが、かわいいじゃないですか」

小犬でもかわいいからといって一万円多く受け取る世の中に私たちは暮らしています。そうであれば、人々がどれほど直し、飾りたがることでしょうか。しかし、どんなに直して飾っても、自分よりもかわいく、もっと瘦せていて、もっと魅力的な人を見ると、相変わらず劣等感に陥ります。満足することはないのです。

2P　所有（Possession）

二つ目のPは Possession《ポゼッション》――すなわち所有です。どれほど持っているかで人を評価します。言い換えれば、経済的な能力が判断基準となります。どの町のどれくらい大きな家に住み、どんな車に乗り、どんなブランドのバッグを持ち、どんなブランドの服を着ているかで経済的な能力を判断するのです。この基準では、より多く所有し、より多く楽しむ人ほど価値がある存在です。そうでない人々は失敗者であり、あまり重要な人ではありません。より多く持つことが重要であって、それを手に入れるまでの過程は道徳的でなくても重要ではありません。

3P　地位（Posion）

三つ目のPはPosition《ポジション》——つまり地位です。この世的な地位が、私たちの存在価値を決定する判断基準になります。この基準で見ると、どんな職業に就いていて、どんな立場でどんな肩書を持っているかがとても重要です。社会的に認められる職業ならば重要な人であり、人々から認められない職業ならばあまり重要でなく、これを基準にして、人生の成功と失敗を見分けます。

このような考えは教会の中にも入ってきています。神が世に仕えるために与えてくださった職分で人生の成功と失敗を論じることは決して聖書的ではありません。その上、それを信仰の成熟を判断する物差しにすることは、神の御心とかけ離れている姿です。

4P　力（Power）

四つ目のPはPower《パワー》——すなわち力です。力が強ければ、重要で価値がある人だと考えます。〝甲の横暴〟もこの論理によるものです。力のある甲が乙にもてなされるべきだという考えは、甲は乙より重要で、価値のある存在だと考えるからではないでしょうか。

5P　成果（Performance）

五つ目のPは――Performance《パフォーマンス》つまり実力、能力、実績、結果、実などです。実力が優れていたり、能力があったり、成績が良かったりすれば、重要で価値ある存在だと考えます。反対に、実力や能力がなく、成績が悪いと、くだらない人生になってしまいます。

6P　学力（Ph.D.）

六つ目のPはPh.D.――つまり学歴、学位などを指します。学力で存在価値を判断するのです。私も教授生活を送ったことがありますが、博士学位があるからといって、人格も博士になるわけではありません。ところが、世は学力が高くて、学位を多く持っていれば、人格も優れているとみなします。

7P　人気（Popularity）

七つ目のPはPopularity《ポピュラリティ》――すなわち人気です。人々からの人気が高く、認められているかどうかでその人の存在価値を判断するのです。人々の称賛やコメント、関心を多く受けて、認められていればいるほど存在価値が上がり、批判されたり無視されたりすると、限りなく地に落ちていき、回復できないほどになってしまうこともあります。しかし本来、人気とは風に舞うもみ殻のようなもので、あったと思ってもすぐになくなるので信頼することはできません。

8P　趣味（Pleasure）

八つ目のPはPleasure《プレジャー》――つまり趣味です。何を楽しむかで、その人の価値を判断します。最近は大衆化されましたが、ゴルフやワインなどを楽しみ、一年に何度も海外旅行ができる人なら、重要で価値ある人だと判断するのです。

9P　情熱（Passion）

九つ目のPはPassion《パッション》――つまり情熱です。何に関心をもって情熱を注いでいるか、何をするときに喜ぶかで人を判断し、またそれが自分の存在意義となります。ゴルフをすることが、わが子が、自分自身の満足が、自分のすべてとなるのです。

10P　名声（Prestige）

十番目のPはPrestige《プレステイージ》――すなわち名声です。その人が持つ名声と名誉で存在価値を評価します。名声があれば成功した人生で、そうでなければ別に何ということもない人生だと判断するのです。ですからある人々は、この名声と名誉を得るために手段と方法を選ばず、そのためには自殺も辞しません。

この世に生きている限り、私たちは10Ｐを避けることができません。世は絶えず10Ｐによって存在価値を評価し、判断しようとします。問題は、10Ｐが私たちのたましいのバラスト水となってしまっているならば危険だということです。これらは決して永遠のものではなく、決定的な基準にもなりえません。10Ｐでたましいのバラスト水を満たすならば、私たちはバランスを失って沈没の危機に追い込まれるしかありません。つまり、世の判断と評価基準で自分を見る瞬間、深い奈落に落ちてしまいます。力を失ったとき、認められないとき、問題が解決しないとき、願っている結果が得られないとき、からだがとても疲れているとき、人々に認められないとき、私たちは深い泥沼にはまります。そして、それに対する欠乏感は執着となり、自己高慢になって、自己の義となるのです。

３Ｗに幻惑されず、３Ｃに注目せよ

では、バランスを保つための内的な力、霊性リーダーの霊性はどこから来るのでしょうか。

私たちの存在価値を決定する真の判断基準は何でしょうか。それは神から来るものであり、私たちを見てくださっている神が基準です。

私は三つのこと（3C）を語ろうと思います。神のかたち（God's Creation）、神の子（God's Child）、神の召命（God's Callling）です。神はこの三つの基準で私たちを見ておられます。

神のかたち（God's Creation）

私たちは、神のかたちに造られました。創世記1章27節には「神は人をご自身のかたちとして創造された。神のかたちとして彼を創造し、男と女とに彼らを創造された」とあり、詩篇139篇14節は「私は感謝します。あなたは私に、奇しいことをなさって恐ろしいほどです。私のたましいは、それをよく知っています」と語っています。英語の聖書（NIV）はこれを「I praise you because I am fearfully and wonderfully made; your works are wonderful, I know that full well」と訳しています。私はすばらしく造られた、神のみわざは素晴らしい、と告白しているのです。エペソ人への手紙2章10節は、「私たちは神の作品であって、良い行いをするためにキリスト・イエスにあって造られたのです」と述べています。私たちは商品ではなく、イエス・キリストにあって造られた作品なのです。

神の子（God's Child）

ある人は、私たちは神のかたちに造られた存在なのだから、どんなことでも自分の力や能力でできると言います。しかし、聖書はそうは言っていません。聖書は、人生の最も大きな問題、すなわち私たちの罪の問題を放ってはおきません。私たちが神のかたちに造られたことは確かですが、人間は罪によって歪んでしまいました。ですから私たちは、神の救いが必要な存在です。世は肯定的に生きることで罪の問題を覆い隠そうとしますが、聖書は罪の問題に直面しなさいと語っています。

聖書は、神であるイエス・キリストが私たちの罪を自ら担ってくださり、私たちは神の子となったと宣言しています。

しかし、この方を受け入れた人々、すなわち、その名を信じた人々には、神の子どもとされる特権をお与えになった。（ヨハネ1・12）

罪によって歪んだ私たちは、イエス・キリストの十字架によって神のかたちに回復させていただいたのです。

そんな私たちに向かって、神は「わたしの目には、あなたは高価で尊い。わたしはあなたを愛している」（イザヤ43・4）と語りかけ、「主は喜びをもってあなたのことを楽しみ、その愛によって安らぎを与える。主は高らかに歌ってあなたのことを喜ばれる」（ゼパニヤ3・17）と言ってくださいました。御子イエス・キリストを十字架につけるほどに、神は私たちを愛してくださり、その愛によって私たちは神の子となりました。

アンデルセンの童話『みにくいあひるの子』をご存じでしょう。みにくいあひるの子はほかのあひるとあまりにも見た目が違うので、仲間外れにされ、蔑まれます。それで、そのあひるの子は自分を不細工なあひるだと思って「どうしてこんなふうに生まれてしまったんだろう」と不満に思い、苦しみます。しかし、みにくいあひるは大きくなるにつれて、自分が不細工なあひるではなく、白鳥であることに気づきます。

「あひるじゃなかったんだ！　空を飛べる白鳥だったんだ！」

世の判断基準に照らすとき、みにくいあひるの子でないという人はほとんどいません。しかし、イエス・キリストの十字架の愛によって私たちを贖ってくださった神は、あなたは美しい存在だ、わたしはあなたを高価で尊いと思っていると、語っておられます。私たちはみにくい存在ではなく、高価で尊い存在として造られました。

ですから、世が示す外見や財産、経済力、能力、地位などが私たちの存在価値を評価することはできません。私たちの存在価値は、私たちをご自分のかたちに造られた神、その御子イエス・キリストの十字架によって私を子としてくださった父なる神から来るのです。神がそれほどまでに私たちを愛されたので、だれも私たちを評価することはできません。私たちの存在価値は私たちを愛してくださる神にあります。

神の召命（God's Calling）

最後に、神の召命、すなわち召しです。神が私を召してくださいました。私が優れているからでもなく、歩いていたら偶然到着したのでもありません。神がリードしてくださり、ここに召してくださり、この働きをゆだねてくださいました。私の存在価値は、私を召し、ゆだねてくださった神に見出すことができます。

私が今、所属している場所で働きをしているのは神の召しだからです。これをはっきりと確信するとき、揺るがされずにバランスを保つことができます。

ここまで見てきたように、霊性リーダーは、神のかたち、神の子、神の召命に存在価値を置きます。ところが、多くの人々は３Ｃではなく３Ｗに拠り頼もうとします。３Ｗとは、自分の働き（Works）、人の言葉（Word）、世（World）です。人々は３Ｗを通して10Ｐを見るので、アイデンティティが揺るがされてしまいます。3Wに惑わされず、3Cを見ましょう。私を支える力はどこから来るのでしょうか。人はだれでも年を取り、健康を損ない、地位が危うくなり、未来が不透明で、力が衰えるという変化をしていくものです。そのような中でも変わらずに支えてくれる力を、あなたは持っているでしょうか。

3Fを大切にしよう

自分の存在価値を10Pではなく3Cに置くとき、重要なことがあります。それは、3Fです。第一に、Faith（信仰）。先に述べた3C——神のかたち、神の子、神の召命に対する信仰を握りしめて、反芻する必要があります。10Pが襲い掛かってくる瞬間、霊性リーダーは神の前で、神の基準で、自分を見て、神の召命のうちに自分の存在価値を確認しなければなりません。

第二に、Family（家族）。私はこのことを特に強調します。アブラハム・マズロー（Abraham Maslow）は、人間の欲求を五段階に分類しました。「生存の欲求」「安全の欲求」「社会参与の欲求」「尊敬の欲求」「自己実現の欲求」です。このうち、人間の最も基本的な欲求とも言える「生存の欲求」と「安全の欲求」を満足させる一番良い方法は、信仰です。その次の「社会参与の欲求」を満足させるのは、何よりも家族でしょう。

かなり前のことですが、特別早天祈禱会を行っていたとき、ある牧師が家に幼い子どもだけを残して夫人と祈り会に出席したことがありました。その事実を知った私はとても驚き、早く家に帰るようにと言った記憶があります。

家庭が優先です。働きに多少の支障があったとしても家庭が優先です。家族を言い訳に怠けてはいけませんが、どんなに大切な働きでも家族よりも優先することはできません。どんな働きも、家族の健康と生存、安全、和睦に比べれば重要ではありません。家族と時間を過ごせないなら、後になって10Pによって信仰が揺るがされる時が来ます。また、働きだけに邁進していると、再び10Pに戻ることになります。

人生で最高の優先順位は神との関係です。その次は家族であり、その次が仕事（働き）です。ところが、この優先順位が入れ替わることがよくあります。家族や仕事を中心にしているうちに神から遠ざかり、働きを中心に生きていると家族が後回しになります。

クリスチャンが誤解していることがあります。「神＝教会」「教会の働き（奉仕）＝神の働き」だと考えていることです。そうではありません。教会の働きの中には神の働きもありますが、すべての働きが神の働きなのではありません。神の働きをしていると言いながら、かえって神が働いてくださるのを妨害していることもあります。やりたいからやっていることや、人々との関係のため、あるいは別のさまざまな理由で行っていることと神の働きを区別できなければなりません。

家族との愛や信頼を経験できないリーダーは、それらを必要として10Pを求めることになります。人生の最後に、仕事を熱心にしなかったことを後悔する人には会ったことがありません。しかし、家族とともにいられなかったことを深く後悔して世を去る人はいます。

ですから、人生においてたましいの休み（安息）はとても重要です。家族と余裕のある時間を持つことも、とても重要であることを覚えていてください。

第三に、Friends（友人）。これは広い意味で、地位や財産、外見、力、実績、学歴、名声と関係なく共に過ごす、家族以外の共同体や少人数の集まりを意味します。地域に立てられた教会がここに該当しますが、その中でもともに過ごす小グループがフレンズです。ここで重要なのは、どんな集まりであれ、定期的に集まり続けることです。非定期的な集まりも、こつこつと続けていれば定期的になります。それが聖書研究であれ、祈りの集いであれ、友人の集まりであれ、教会の小グループであれ、関係ありません。ただ、私の言う友人（Friends）とは、働きを進めるためのものや、10Pを得るための人脈ではありません。利害関係を離れて持つ共同体、少人数の集まりに、少なくとも一つには所属することをお勧めします。

韓国教会の偉大な父、パン・ジイル牧師が世を去ったとき、葬儀に参列しました。パン・ジイル牧師は百三歳まで生きた最高齢の牧会者であり、亡くなられる時まで神のみことばを伝え、多くの人々から尊敬され、教会の大きな影響を及ぼした方です。そのパン牧師の葬儀で、とてもびっくりする話を聞きました。パン牧師は金曜日に亡くなったのですが、数日前の月曜日にも導いていた牧会者グループと聖書研究をしていたというのです。この牧会者グループは数十年間集まりを続けてきたのですが、パン牧師は世を去る直前まで、それまでと同じようにこの集まりを導いたのです。

それを聞いて、パン牧師が亡くなられるまで、長い間神に用いられた秘訣がここにあると思いました。長年をともにした小グループを通して思いを分かち合い、みことばを学び、神がくださる存在価値を互いに確認することができたので、引退後も10Ｐが自分の存在の意味とはならず、いつまでもたましいが健康で影響を与える牧会者として生きることができたのでしょう。

たましいが荒廃せず、霊性リーダーシップを発揮し続けることのできる秘訣は何でしょうか。それは３Ｃに対する信仰（Faith）、これを経験できる家族（Family）、そしてともに分かち合える友人（Friends）がいることです。

霊性リーダーは、今から忘れ去られる訓練をしなければなりません。忘れ去られるということは、言い換えれば「明け渡す、消える」ということです。多くの人々に対する影響力ではなく、深い影響力に重点を移すということです。後でやればいいと思うかもしれませんが、これは簡単ではありません。今から、自分のたましいの錨を10Ｐではなく３Ｃに下ろさなければ、

「後」は永遠に来ません。３Ｆを通してこの訓練をしなければ、すぐにたましいが荒廃しますし、そんなリーダーにはだれもついて行きたがらないでしょう。

今この瞬間から、私たちのたましい、霊性を磨くことをこつこつと行っていかなければ、冷たい雨風が吹きつける人生の冬が来るとき、バランスを失って座礁してしまいます。この霊性は、神との関係によって豊かになります。神との関係で最も重要なものは、どんな状況でも変わらない愛で私を尊く思ってくださり、私を子としてくださった神から来るアイデンティティです。これが、霊性リーダーの存在価値なのです。

10

霊性リーダーと時間

カイロスを用いよ

時間管理がうまくいかないときに起こる現象があります。机や部屋が散らかり、自分の仕事にだんだん自信がなくなります。また、知人との約束、電話をかけること、締め切りなどをよく忘れ、どうでもいいことに多くの時間を使うようになります。断りきれずに引き受けておいて後悔し、きちんと決定を下すことができず、だれか代わりにやってくれないかと考えるようになります。重要なことをする時間がないほど忙しくなります。

もしこのような現象があるなら、あなたもすぐに時間管理の方法を学ばなければなりません。

時間に対する知恵

時間は迅速です。詩篇90篇10節を見ると、「私たちの齢《よわい》は七十年。健やかであっても八十年。しかも、その誇りとするところは労苦とわざわいです。それは早く過ぎ去り、私たちも飛び去るのです」とあります。時間はとても早く過ぎ去るので、捕らえることができません。

時間は有限です。ヤコブの手紙4章14節は「あなたがたには、あすのことはわからないのです。あなたがたのいのちは、いったいどのようなものですか。あなたがたは、しばらくの間現れて、それから消えてしまう霧にすぎません」と言います。若いときは人生が永遠に続くように思いますが、時間は有限であり、永遠ではありません。

時間は制限的で取り戻すことができません。伝道者の書3章1節にはこうあります。「天の下では、何事にも定まった時期があり、すべての営みには時がある」。時があります。生まれるのに時があり、死ぬのに時があり、植えるのに時があり、植えた物を引き抜くのに時があります（伝道者3・1―8）。取り戻すことさえできるのなら、もう一度やり直したい瞬間もありますが、そうすることはできません。

時間に対する霊性

時間を意味するギリシャ語には「クロノス」と「カイロス」があります。クロノスは年代的な時間を意味し、カイロスは出来事的な時間を意味します。

私たちがよく知っているエペソ人への手紙5章15節から16節を見ると、「そういうわけですから、賢くない人のようにではなく、賢い人のように歩んでいるかどうか、よくよく注意し、機会を十分に生かして用いなさい。悪い時代だからです」と語られています。ここで使われている「機会」はギリシャ語原文で「カイロス」です。そうです、これは今日一日を用いなさいという意味ではなく、「機会を用いなさい」ということなのです。ですから17節は、「愚かにならないで、主のみこころは何であるかを、よく悟りなさい」と言っているのです。カイロスは、その時間に付与された神の御心を理解することです。そして、カイロスに対する神の御心を理解することを、私たちは「知恵」と呼びます。

神の時間

私の時は、御手の中にあります。私を敵の手から、また追い迫る者の手から、救い出してください。（詩篇31・15）

このみことばは、英語の聖書（NIV）ではこうなります。

My times are in your hands...

祈るとき、私はこのみことばをよく使います。「私の時は、あなたの御手の中にあります」

一方、使徒の働き13章36節は、「ダビデは、その生きていた時代において神のみこころに仕えて後、死んで父祖たちの仲間に加えられ、ついに朽ち果てました」と語っています。英語の聖書（NIV）は“Now when David had served God's purpose in his own generation”と訳しています。“in his own generation”（彼の生きていた時代に）――とてもすてきなみことばです。私の生きている時代に、私を用いて神の働きをなさせてくださいという祈りです。

ですから、詩篇記者は「私たちに自分の日を正しく数えることを教えてください。そうして私たちに知恵の心を得させてください」（詩篇90・12）と祈りました。自分の日を正しく数えること、時を知ること、カイロスを知ること、まさにこれが知恵の心です。

管理者の責任

マタイの福音書25章には、私たちがよく知っているタラントのたとえ話があります。「さて、よほどたってから、しもべたちの主人が帰って来て、彼らと清算をした」（マタイ25・19）。最後の清算がいつかはわかりませんが、その時は必ず来ます。そして、その時に忠実な者は称賛されます。「その主人は彼に言った。『よくやった。良い忠実なしもべだ。あなたは、わずかな物に忠実だったから、私はあなたにたくさんの物を任せよう。主人の喜びをともに喜んでくれ。』」（マタイ25・21）。二タラントを預かって二タラントもうけたしもべと、五タラント預かって五タラントもうけたしもべは同じ称賛を受けました。タラントは神が私たちにくださったカイロス、つまり機会です。そして、その管理人としての責任を清算する時が来ます。

神の主権的な導き

「人は心に自分の道を思い巡らす。しかし、その人の歩みを確かなものにするのは主である」（箴言16・9）。神がその歩みを導いてくださいます。箴言19章21節にも「人の心には多くの計画がある。しかし主のはかりごとだけが成る」とあります。私たちの時間の中に神の主権的な導きがあります。

緊急なことの横暴に注意しなさい

スティーブン・コヴィーは、時間の使い方を決定する二つの要因に、緊急性と重要性を挙げました。緊急を要することと緊急を要しないこと、重要なことと重要ではないことがあるというのです。私たちの生活で起こるすべてのことは、四つのカテゴリーに分けられます。緊急で重要なこと、緊急ではないが重要なこと、緊急だが重要ではないこと、緊急でも重要でもないこと、です。

私たちは緊急だが重要ではないこと、緊急でも重要でもないことを、まるで緊急で重要なことのように考えることがよくあります。言い換えれば、緊急だが重要ではないことに神経を使いすぎるあまり、それを真っ先にしてしまうということです。そうすると、本当にするべき緊急で重要なことがきちんとできないという問題が発生します。緊急で重要なことと、緊急だが重要ではないことを混同してしまうのです。

多くの場合、私たちは緊急で重要なことをやりたがらず、緊急でも重要でもないことをやり続けます。そうでなければ、緊急だが重要ではないことや、重要だが緊急ではないことをやるのです。結局、何が起こるでしょうか。やらなければならないことができず、時間が足りないというケースが生じます。そして、何だかとても忙しかったのに、たいしたことはやっていません。

緊急ではないが重要なことをこつこつやり続けていれば、後に緊急で重要なことが生じたときにうまく対応できるようになります。緊急ではないが重要なことにうまく対応するためには、「申し訳ありませんが、私にはできません」と、断ることができなければなりません。そうしなければ、緊急なことが絶えず生じるからです。ところが、断れない人は重要ではないが緊急なことにいつも縛られてしまいます。だれかが来て、重要でもないことを「ああ、どうしよう」と言うと、断れずに自分が全部やってあげて、後で後悔します。

時間はあるのではなく、作るものです。ですから、緊急なことの横暴に注意しましょう。

時間に対する三つの重要な視点

時間は優先順位（priority）

時間に対する理解と決定は、優先順位に対する理解と決定です。どのように時間を使うかは、その人の優先順位にかかっています。優先順位は何にありますか。霊性リーダーが最優先するものは、何と言っても神との関係であるべきです。

時間はエネルギー（energy）

時間はすなわち力であり、それは原料のようなものです。ですから、だれかと時間を過ごし、何かに時間を使うことは、エネルギーを使うことにたとえることができます。エネルギーがなくなったり、過負荷がかかったりすると、どこかが故障するものです。神が減速させる前に自分で速度を調節するのが賢明です。

時間は愛（love）

だれかと一緒に時間を過ごすということは、その人に関心があり、愛しているという表現です。霊性リーダーはフォロワーと一緒に時間を過ごし、時には人々が、神が願っておられる位置に到達するまで待たなければなりません。愛しているなら、その人のために喜んで時間を使うことができます。

時間に必要な三つのもの

まず、時計が必要です。時計は速度を教えてくれます。時計によって、どれくらい早く進んでいるかを知ることができます。

そして、羅針盤が必要です。羅針盤は方向を確かめるものですが、どのくらい正確に進んでいるかを確認することができます。

また、地図が必要です。地図は目的地を示し、どこに向かっているかを知ることができます。

ある人は時計だけを持っていて、ある人は羅針盤だけを持ち、ある人は地図だけ見ていますが、霊性リーダーには、時計と羅針盤と地図、この三つすべてが必要です。

三つのメーター

私たちには霊的メーター（spiritual gauge）、身体的メーター（physical gauge）、感情的メーター（emotional gauge）があります。自動車の燃料メーターを見ると、ガソリンやガスなどの燃料の状態がわかるように、私たちはこの三つのメーターを通して自分の状態を把握することができます。目には見えませんが、霊的メーターで霊的状態を、身体的メーターで肉体の状態を、感情的メーターで感情の状態を知ることができます。私たちは、時間をよく見ながら、自分の状態を点検しなければなりません。

霊的に満ち足りていれば問題ないと言う人がいますが、そうではありません。もちろん、神が霊的に充満してくださることである程度はカバーできますが、完全ではありません。

神は、エリヤが自分の死を願ってえにしだの木の下で眠っていたとき、御使いを遣わして「起きて、食べなさい」と言いました。そこでエリヤは食べて飲み、また横になりました。感情も同じです。感情にも限界があるので、チェックしなければなりません。

この三つはつながっています。疲れすぎると感情が干からび、感情が干からびれば身体も疲労し、霊的にも苦しくなります。霊的メーターが低くなると、身体や感情にも問題が生じます。ですから私たちは、この三つをいつもチェックして自分の状態を管理しなければなりません。

三つの覚えるべきこと

忙しいスケジュールは栄光ある実ではない

事中心の人であればあるほど、スケジュールをぎっしり立てて、それが成就や成功だと考えます。私にもそういう傾向があります。予定をぎっしりと組んでおいて、後になってどうしてそんなことをしたんだろうと後悔することも多々あります。スケジュールを見て、自分がどれほど忙しく、効率的で、たくさんのことをしているかを思い、自らを慰めますが、忙しいスケジュールは決して栄光ある実ではありません。本当に重要なことを見失うことがあるからです。ですから忙しいということで、自分が多くのことをうまくやっていると錯覚してはいけません。忙しすぎると、きちんと仕事をできず、どこかが故障するからです。

計画にない時間は、結局失う

"If you fail to plan you are planning to fail."(計画にない時間は、失う時間である)

私はこのことばが好きです。計画を立てることに失敗することは、失敗する計画を立てているということです。計画になかった時間は失う時間です。計画していない時間は私の時間ではありません。他の人に引っ張られるままの時間になるからです。

予定を放棄するなら、安住するしかない

計画を立てることを放棄するなら、ただ流されるしかありません。それ以上の成長も、新しい試みも不可能です。忠実に計画を立てることをお勧めします。最近はスマートフォンが進歩していて、カレンダーなどと連動しているので、うまく活用すれば有効に使うことができます。

三つのできなければならないこと

第一に、断るべきときに断ること。どんなときも笑顔で断る練習をしましょう。

「本当はやりたいのですが。申し訳ありませんが、やれそうにありません」

「本当に良いことですね。でも、私にはできません」

そして、丁寧かつ率直に理由を説明しましょう。私もこれがうまくできなくて、いつも後になって後悔しますが、それでも断るべきときには断ることができなければなりません。しかし、どうしようもないケースもあります。だれかにやらせるわけにもいかないし、かといって、そのまま放置することもできなくて、困り果てることがあります。立派なリーダーであればある

ほどあわれみの心があるので、「私が少し苦労すればいいだろう」「もう一回、私がやろう」とは言いながら、喜んでできないこともありますが、そうしてはいけないということです。

第二に、任せるべきときに任せること。自分がしなくてもいいことは、あえて任せましょう。ところがリーダーは大体、自分が一番よくできると思っています。他の人がすることでは満足できず、自分がしなければうまくいかないと考えるのです。そのため任せることができず、自分が抱え込んでしまい、結局、お手上げになります。

任せるということは、肯定的な依頼ができなければならないということです。依頼をするのが苦手な人がいますが、心配しないでください。人々は肯定的な依頼、良い依頼は聞き入れたがります。もちろん、過度な負担を与えたり、自分がするべきこともしないでやたらと依頼してはいけませんが、「ちょっとこれをやってくださいますか。可能ですか」と丁寧に頼むなら、ほとんど受け入れられます。

第三に、集中するべきときに集中できること。リーダーにとって最も重要なことの一つが、集中です。ですから、断ることや任せることが重要なのです。しっかりと集中するためには、ちょっとした時間をうまく活用しなければなりません。そして、自分のリズム（pace）を調節することが必要です。

集中力はマルチタスク（multitask）と理解することができます。多くの人が、マルチタスクとは一人の人があれもこれもすることだと理解していますが、私は違う解釈をしています。マルチタスクができる人は、わずかな時間でも深く集中してやることができる人です。つまり、集中力のある人です。ある時間はAに集中し、ある時間にはBに集中できるので、他の人がその人を見るとき、時間内にあれもこれもやっているように見えるのです。ビジョンと優先順位がはっきりしていれば、集中することができます。

最後の三つのチップ

第一に、あらかじめ時間を予約しておくことが重要です。私たちは何かをするには予約をしなければならないと考えます。計画を立てたなら、カレンダーに時間と項目を書きましょう。例えば今日、聖書を何章読もうと考えたら、すぐにカレンダーに記入するのです。そうしなければ、だれかが来て、「今日、どこそこに一緒に行きませんか」と言うと、断れなくなります。

予約しておけば、だれかが来て何と言おうと、カレンダーを見て堂々と「ああ、すみません。先約があります。また今度でもいいですか」と言うことができます。これをしなければと心の中で考えていても、予定表に書いておかなければ先約があると言えなくなります。相手に引きずられるしかありません。

カレンダーを使って、予約を日常的に行いましょう。家族との時間も、神との時間も、礼拝の時間も書いておきましょう。

第二に、オフィスでは忙しく、しかし、外に出たら人々とゆっくりしましょう。仕事をするときは忙しく過ごし、人々とはゆっくり過ごしましょうという意味です。私たちは逆になっていることが多いのです。オフィスで働くときはゆっくりしているのに、人前ではとても忙しいふりをします。しかし、忙しい人々には余裕がないので、近寄って来る人がいません。

第三に、実行（execution）することに集中しましょう。どんなに良い計画も実行しなければ何の役にも立ちません。毎日、机の前で計画を立てるだけでなく、計画を立てたならとにかくそのとおりに実行しましょう。霊性リーダーは、ビジョンの実行に集中しなければなりません。神は私たちにビジョンを与え、そのビジョンを果たせる十分な時間をくださいました。

11

霊性リーダーとビジョン

リーダーはどのように批判を克服するべきか

批判されないリーダーはいない

何年か前、教会の子ども礼拝で、子どもたちのために祈ろうと、嬰児科から小学科までを訪問したことがあります。めったにないことだったので、子どもたちにあげるおやつを用意しました。教会学校の先生たちの意見に従って、幼稚科まではみかん、下級科からはチョコパイにしました。

その日、いくつかの部屋を忙しく行き来して、子どもたちのために祈り、おやつをあげたのですが、幼稚科でうっかり失敗をしてしまいました。用意してきたのはみかんなのに、チョコパイをあげると言って、チョコパイを子どもたちに見せてしまったのです。それを聞いた子どもたちはうれしそうににこにこしていましたが、私はすぐに訂正して、準備してあったみかんを渡しました。私としては、単なるちょっとした言い間違いであり、おやつとしてみかんをあげたのだから特に問題はないと考え、大したことではないと思っていました。

数日後、幼稚科に出席しているある子どもの母親からこんな話を聞きました。その日、子どもが家に帰って来て、「牧師先生がチョコパイをくれるといったのに、みかんをくれたんだよ。そして、おいしいチョコパイは先生一人で全部たべちゃったんだ」と言ったというのです。

それを聞いた瞬間、「リーダーというのは本当に大変だなあ！」という考えが頭をかすめました。意図したことではありませんでしたが、私はその日、おいしいチョコパイを分けないで一人で食べた利己的なリーダーになってしまいました。一週間後、幼稚科の子どもたちにだけチョコパイを一つずつあげたのですが、この出来事は私に、リーダーシップについてもう一度考え直す機会を与えてくれました。

批判されないリーダーはひとりもいません。胸の痛むことですが、これはどうしようもない真実です。ですから、心に刻んで暗唱してください。リーダーが批判される理由は、影響力が大きいからであって、影響力を肯定的に受け入れられない人がいるからです。影響力が大きければ大きいほど批判も大きくなります。裏返せば、それくらい影響力があるのですから、批判が伴うのは当然のことなのかもしれません。

人々を導くことも大変なのに、批判までされるのですから、リーダーはどれほど大変でしょうか。だれでも新しい組織で三回連続で拒絶と批判を受ければ、その組織を離れたくなると言います。リーダーはそのような苦痛とともに存在します。ですから、あまりに疲れると、このような思いにもなります。

「ああ、つらいなあ。これをしたからといって、富や栄誉を受けるわけでもないのだから、辞めようか」

「こんな扱いをされてまで、私がリーダーをする必要があるのだろうか」

「頼まれたってするかどうかなのに、こんなにつらい思いをしてまでやらなければならないのだろうか」

前に進むエネルギーさえ足りないというのに、こんな付随的なことにとてつもないエネルギーを消費しなければならないのですから、リーダーは本当に気の毒です。

一言の批判が、十の称賛よりも耳によく入って来ます。十の称賛を受けることも難しいですが、仮にそのような称賛を受けたとしても、一言の批判が聞こえると、剣のようにリーダーの心を突き刺します。一言の批判がそれまでのすべてをひっくり返してしまうのです。また、すべての動機と意志をいっぺんにくじいてしまうこともあります。

人は何かを求め続けています。その一つが「認められること」、さらに言えば「人気」です。傷つく一番の理由は、認められないことです。人から認められたいのは、リーダーも同じです。

十人に認められても、一人に認められなければ、その一人がひときわ心にひっかかります。

韓国に来るとき、多くの人からこう助言されました。「韓国に行ったら、コメントをいちいち読んではいけません」。ツイッターやフェイスブックのようなSNSに文章をアップすると、それに対する反応がとても気になります。コメントに何と書いてあるのか、何人が「いいね」を押してくれたのか、実に気になります。人々が本当に願っているのは、評価ではなく認められることなのですが、時々、否定的なコメントを見ると心が一気に傷つきます。肯定的なコメントも多いのに、それは目に入りません。だからコメントを読んではいけないというのですが、我慢できません。それでも、認められたいのです。これがリーダーシップのジレンマです。

リーダーが観衆をコントロールする場合もありますが、観衆やフォロワーがリーダーをコントロールする場合もあります。後者の場合は、リーダーの一番の弱点である、認められたい思いに起因します。リーダーが認められることばかり追求していると、人の意見に流されやすくなります。そうすると、ビジョンに従って動くのではなく、人々に認められることを追い求めるようになります。人々の言うままに行ったり来たりし、その時その時、一時的なやり方で処理します。結局、後で時間が経ってみると、本来リーダーが進むべき方法とは相当な距離があるのです。人々の意見に従うといっても、すべての人を幸せにすることは決してできません。それでも、リーダーはすべての人を幸せにしたいと願い、すべての人に認められたいという欲求がとても強いのです。一度ここでひっかかると、抜け出すのは容易ではありません。

なぜ批判がつらいのか

リーダーは、批判される立場です。しかし、納得のいかない批判もあります。批判されるとつらいケースをいくつか見てみましょう。

第一に、純粋な動機が批判されるときはつらいです。純粋な心で働いているのに、だれかにそれを疑われるとき、感情がこみ上げてきます。胸を開いて見せることもできず、会う人ごとに捕まえていちいち説明することもできず、やっていられません。だれかが投じた一言の批判によって動機までも汚されるだけでなく、毒になってしまうのです。

以前仕えていた教会で、収穫感謝とクリスマスの横断幕がとても古くなっていたので、新しくデザインしたものに取り替えたことがあります。そのとき、ある人を通して「よく思われようとしてやったんだ」と言われているのを聞きました。その一言がどれほど衝撃的だったかわかりません。古くなり過ぎていたので、当然取り替えるべきものを取り替えただけなのに、動機までも疑われ、批判されることはとてもつらいものでした。

第二に、ちゃんとやっているのに批判されると、耐えがたい思いになります。十のことをちゃんとやっているのに、少し足りない一つのことで言いがかりをつけられるケースです。ちゃんとやっている十のことについて少しでも励ましてくれれば慰めになるのに、それについては口を開きません。

西洋人は、幼い頃から討論する訓練ができています。彼らは会議である発言を聞くと、まず「それはいい考えだ」「とても面白い表現だ」など、肯定的なコメントをしてから「けれども……」と、自分の意見を述べます。これに対して、韓国人は、どうすればそういう見方ができるのか、最初から否定的な問題に直行します。仮にそれが正しいとしても、そのような批判を受けるとどんなに深く傷つくかわかりません。一方ではちゃんとやっていることを認められたい思いから、反発心理で、ちゃんとやっていることばかりをもっとアピールするという副作用が伴います。そうすればするほど批判は強くなり、さらには高慢だとまで言われてしまいます。

第三に、一生懸命やっているときに批判されるのもつらいことです。最善を尽くしているのに批判されると、本当にことばもありません。一生懸命やっているのにそれを認めてくれるどころか、「一生懸命やればそれでいいのか」と皮肉を言われると、本当につらくなります。

第四に、批判する資格のない人から批判されるときもつらいです。このような場合は、「人のことが言えますか」ということばがのど元まで出てきますが、我慢して飲み込みます。「自分もできないくせに、人のことを批判するのか」「私はあなたの問題を十以上指摘することができるが、そうはしない。それなのに、あなたはたった一つの問題で、私に対してそういう態度を取るのか」など、言い返したい気持ちになりますが、ぐっと抑えて耐えるしかないことが苦しいのです。

第五に、全く根拠のない批判をされるときは、あきれます。火のないところに煙は立たずと言いますが、人生は火のないところに煙が立つこともあります。愚にも付かない批判にはいらいらしますが、人々を呼び集めて説明することもできないので、本当につらいです。

あるとき、早天祈禱会を終えて出て来ると、一人の方が私に言いました。

「先生、主の祈りを間違えていること、わかっていますか」

私はとても驚きました。主の祈りの講解説教までした私が、主の祈りを間違えるはずがないからです。それでも心を落ち着けて、丁寧に聞きました。

「ええ？　どういうことですか。」

「主の祈りの中で『みこころの天になるごとく地にもなさせたまえ』という箇所があるでしょう。『地にも』と言うべきところを、先生は先ほど『も』を抜かして『地に』と言われました」

考えてみれば、早天祈禱会の最後にある主の祈りは、早く祈ると「地にも」と発音をしても「も」がきちんと聞こえないこともあるだろうと思いました。

「言ってはいますが、聞こえなかったようです。よくわかりました」

こう答えたものの、主の祈りの些細な「も」までも聞き逃さずに発見したその方の繊細さに驚きと感動を覚えるよりは、それを私に話すことに対する恨めしさと疲れが残りました。

問題は翌日の早天祈禱会でした。その方を見つけた瞬間、主の祈りのときに「も」が聞こえるように言おうとする思いから、全神経が「地にも」に傾き、その方に確実に聞こえるように「も」を強く言いました。ところが、この「も」を間違えないようにしたところ、主の祈りの前半部分を間違えました。私はそのとき、拒絶と批判がどんなに大きな傷を与えるか、如実に悟りました。

第六に、批判の理由も出所もわからないまま批判されると、どうしていいかわかりません。どこから、なぜそんな話が出てきたのかわからないので、人々を疑うようになります。「この人が言ったのだろうか。あの人だろうか」。疑うことでリーダーシップも病んでいきます。

第七に、甘んじて批判を受けるべきときもありますが、傷つく表現や方法で伝えられると、とても痛いです。私に手紙が来たのですが、それを見て鳥肌が立ったことがあります。自分の筆跡がばれるのが怖かったのか、映画に出てくる脅迫文のように、雑誌に印刷された文字を一つ一つ切り抜いて貼り付けてあったのです。そうまでして指摘するほど、状況が差し迫っていたのでしょうか。特別な内容ではなかったので、その人の努力は高く評価せざるを得ませんが、愉快なことではありませんでした。

第八に、本当につらいことの一つは、他の人と比較して批判されることです。私が初めて今の教会に来たとき、韓国語が下手でよく指摘を受けました。説教を終えると、時々、文法やことばについて指摘する人々の手紙を受け取りました。その多くは匿名で、間違った部分を指摘し、正しい表現を書いてありました。しかし、ことばというものはそう簡単に直せるものではありません。私なりに直したと思っていても、そういう方々からすれば十分ではなかったようです。同じ問題を指摘して、こう付け加えてあります。「前の牧師先生は三回言えば直ったのに、先生はまだ直せないんですね」。結局、次からは問題の単語を、他の単語に置き換えてしまいました。

第九に、何をしても批判されるときは、本当に腹が立ちます。特に、中間層のリーダーの場合、上下に挟まれてサンドイッチ批判を受けることがあります。私が神学校に通っているとき、先輩からこのような助言を受けました。重要な決定をするときはすぐに決めず、「一か月間祈って、もう一度決めましょう！」と言いなさい、というものでした。とても霊的で、素晴らしい助言だと思いました。ところが、いざ働きの現場でそう言うと、すぐにいろいろ言われました。早い変化を望む人々が「あんなに延期ばかりしているのに、どうして信じてついて行けるだろうか」と批判するのです。どちらの言うとおりにしても結局は批判されます。

第十に、肯定的な多数が沈黙しているときもつらい思いをします。今は批判を受けていても、私には肯定的な多数がおり、ただ沈黙しているだけだと自分を慰めはしますが、真の慰めにはなりません。問題は、それゆえに少数の否定的な批判者たちが共同体を動かすということです。

批判されるときは判断が必要

リーダーがつらい思いを抱え、ひどく批判されていると、だれかを捕まえて訴えます。自分がどうしても言えないことを、相手が代わりに言ってくれると慰めにもなります。リーダーとして批判されたなら、どうすればいいでしょうか。

第一に、批判の内容を判断しましょう。自分が批判されているのは正当なのか、批判される理由がはっきりしているのか、その内容をよく調べ、それによって自分自身を省みなければなりません。たましいが健康な人であればあるほど、簡単に判断できます。

第二に、批判する人を判断しましょう。だれが批判をしているのか、その人はどんな人か、判断しなければなりません。まず、苦しい生活をしているために、他の人を批判する人がいます。自分が苦しいからあなたも苦しむべきだという考えです。自分が苦しいから、すべてにいらいらし、目に入るすべてを批判する人がいることを覚えましょう。

そうかと思えば、何かを得るための手段として批判する人がいます。このような人とは時間をたっぷりとって、ゆっくり進まなければなりません。

根本的に批判的な人たちもいます。性格や育った環境が批判的なのです。教会でよく聞く批判の一つが、牧師が言うことを聞かないというものです。ところが、よく考えてみるとこれは、だれかのことばをではなく、自分の言うことを牧師が聞かないという話です。ほかの人の話をよく聞いたとしても何の役にも立ちません。ただ自分の言うことを聞かないから、わがままだと言うのです。自分を敬わなければ高慢であり、自分に親切なら謙遜な人です。すべての基準が「自分」なのです。ですからリーダーは、人間を知らなければなりません。

また、何も知らないで批判する人もいます。よく知らないくせに批判をする人には、きちんと教えなければなりません。

正確なことを突き詰めようとして、批判する人もいます。こういう人にも正確に教える必要があります。言い訳や説明をしなければしないほど、もっと大変なことになります。

また、自分だけが正しいと考えて批判する人がいます。そのような人は自分の考えでいっぱいになって、リーダーがどんなに説明しても聞こうとしません。その場合は、その人が信頼する別の人を通して話が伝わるようにしなければなりません。

批判の賜物がある人、批判を使命だと考える人がいますが、この類の人は、本当に大変です。どこでも同じでしょうが、リーダーを苦しめる人々がいます。その人々は、時にそれが正義であり、使命だと考えます。そこに特別な賜物があると信じる人もいます。このような人もリーダーを苦しめますが、そのようなことについて知らない大衆もリーダーを疲れさせます。〝叩く姑より止める小姑のほうが憎い〟と言います。大変で厄介な人の味方をして、称賛する人たちを見るとき、リーダーはさらにつらくなります。「教会にはそういう人も必要だ」と言って、聖書的ではないことでも大丈夫だと覆い隠すのを時折見ますが、これも受け入れるのは簡単ではありません。

一時、それがあまりにつらくて神にこう祈ったことがあります。

「神様、私がこの教会を去るとき、私をひどく苦しめた人を五人だけ公開して去ることができるようにしてください。ほかのことは望みません」

大変だった理由や自分を苦しめた数人だけでも人々に話して去ることができるなら、十年間たまった消化不良も全部すっきりするでしょう。もちろん、それは私の甘えであり、そんなことはできませんでした。しかし、批判される人にはこんな心的な苦痛が存在するということを覚えていていただきたいのです。

第三に、批判の方法を判断しましょう。不当な考えや恨めしい思いから批判が出ることがあります。そのためある人は、不当罪と恨めし病は、キリストの血潮でさえもいやすのが難しいと言います。私たちがよく使う慣用句に、「目をつける」という表現がありますが、一度目をつけられたなら、すべてがひっかかるものです。

霊性リーダーは批判にどう反応するべきか

それでは、霊性リーダーは批判に対してどう反応すればいいでしょうか。まず、判断の賜物を求めなければなりません。

あなたご自身が、あなたの御住まいの所である天で聞いて、赦し、またかなえてください。ひとりひとりに、そのすべての生き方にしたがって報いてください。あなたはその心を知っておられます。あなただけがすべての人の子の心を知っておられるからです。（I列王8・39）

韓国のことわざに「水の深さは測れても人の心は測れない」ということばがあります。韓国人は大体、自分の心を率直に話さず、遠回しに表現する傾向があります。人の心を知ることは本当に難しいのですが、それを知っておられる方が神です。私たちは神に、人の心がわかるようにしてくださいと祈らなければなりません。人の心を知れば共感することができ、そうすれば批判の多くの部分を解消することができるからです。

使徒の働き1章24、25節にはこうあります。「そして、こう祈った。『すべての人の心を知っておられる主よ。…このふたりのうちのどちらをお選びになるか』」。私たちは批判されるとき、このみことばに従ってこう祈ることができます。

「すべての人の心を知っておられる主よ、彼らの思いは何ですか。私に判断の賜物をください。そしてそれが悪意のある批判なのか、善意の批判なのか、習慣的な批判なのか、本当に私が聞くべき批判なのか、判断できる恵みを与えてください」

第二に、謙遜の機会としましょう。

神は、高ぶる者を退け、へりくだる者に恵みをお授けになる。（ヤコブ4・6b）

神は高ぶる者を退け、謙遜な者に恵みをくださいます。

柔和は謙遜から出ます。私たちは批判されるとき、「私が高慢だったようだ。自分でも知らないうちにそういう部分があった。人々にはそういうふうに思えたんだなあ」と考えて、それを謙遜の機会としなければなりません。謙遜な者には神が恵みを与えてくださいます。批判されても自分を省みず、謙遜の機会としないなら、それは我慢の賜物ではなく我慢の欲でしょう。

第三に、人に認められることより、神を恐れましょう。

人々は批判を恐れます。このとき私たちは、それが人から認められないことに対する恐れなのか、神に対する恐れなのかをよく見極めなければなりません。使徒ペテロとヨハネはこう言いました。

そこで彼らを呼んで、いっさいイエスの名によって語ったり教えたりしてはならない、と命じた。ペテロとヨハネは彼らに答えて言った。「神に聞き従うより、あなたがたに聞き従うほうが、神の前に正しいかどうか、判断してください」（使徒4・18—19）

私は人に認められることを求めているのだろうか、あるいは神を恐れているのだろうか。神の御心に沿っていて批判されることは、神の御心に沿わずに称賛されるよりもましです。

批判を前にして準備するべきこと

霊性リーダーは批判を前に二つのことを準備しなければなりません。よく聞く準備と赦す準備です。どんな姿勢で聞くかが、どんな姿勢で反応するかを決定します。理解のための傾聴か、弁明のために聞いているふりをしているのか、自分をよく振り返りましょう。自分はよく聞いているのに、聞いていないと言われてしまうと気分が良くありません。それでも仕方ありません。リーダーはそういう人も赦す準備ができていなければなりません。実際にリーダーがよく聞いていても、フォロワーは自分が願うとおりにならなければ、聞いていなかったと言います。ですから心を空っぽにして、着実に二つのことを準備するしかありません。

あなたは今、批判されているでしょうか。実は、私たちが受けるほとんどのストレスは、仕事ではなく人からです。批判の前でどうすればリーダーが無駄なエネルギーを消費せず、神の召しに集中して進むことができるでしょうか。そういう点で、この部分はとても重要です。先にこれをどのように克服するかを述べましたが、もう一つ見逃してはならないのが祈りです。

12

霊性リーダーと祈り

祈りは人と使命の間で勝利に導く

リーダーのジレンマ

霊性リーダーは自分に最も必要なものが祈りだということを、だれよりもよく知っています。そして、そうしたいと思っています。しかし、思いとは違って一番大変でうまくいかないのが祈りです。なぜなのか、いくつかの理由を見てみましょう。

リーダーはいつも多忙です。常に時間に追われ、自分が作った時間ではなく、人が作った時間によって動くことも多くあります。リーダーにはいつもやるべきことが待っています。また、合間合間に緊急な用件が入って来て、祈る時間を奪います。リーダーはいつも急いで事を処理しなければなりません。早く決定を下さなければならないので、神の前に出て祈り、応答を待つ心の余裕がありません。それだけではありません。リーダーはすべてを一人で決定しなければばなりません。自分が決定し、自分が宣言し、自分が解決しなければならないと思っています。リーダーはとても疲れます。ストレスも多く受けます。ですから祈るよりも寝たいと考えます。リーダーは忙しくて疲れますが、それでも、必ず祈らなければなりません。

夕方になった。日が沈むと、人々は病人や悪霊につかれた人をみな、イエスのもとに連れて来た。こうして町中の者が戸口に集まって来た。イエスは、さまざまの病気にかかっている多くの人をいやし、また多くの悪霊を追い出された。そして悪霊どもがものを言うのをお許しにならなかった。彼らがイエスをよく知っていたからである。さて、イエスは、朝早くまだ暗いうちに起きて、寂しい所へ出て行き、そこで祈っておられた。(マルコ1・32—35)

イエスは一日中働きました。それでも、人々はかまわずに、日が暮れても病人や悪霊につかれた人を連れて来ました。みことばをよく読むと、「病人」「町中」「さまざまの病気にかかっている多くの人」「多くの悪霊」など、一言で言えば、解決するべきことが山積みなのに、「日が沈むと」とあるように時間が遅いことがわかります。ストレスは並大抵ではなく、とても疲れていたはずなのに、主は人々を見捨てたり突き放したりはせずに、さまざまな病気にかかった人をいやし、多くの悪霊を追い出しました。それはおそらく、夜更けまで続いたことでしょう。イエスは、どれほど疲れ果てていたでしょうか。ところが、そんな主が、朝早くまだ暗いうちに起きて、寂しい所に行って祈っておられます。イエスは忙しくて疲れていても、祈りに優先順位を置いたのです。

ある人はこれを見て、イエスだからそうすることができたのだと言うかもしれません。しかし、もしこの世で祈りが必要ない人がいるとしたら、それはイエスでしょう。それにもかかわらず、イエスが祈っているというのなら、主よりは忙しくなく、疲れてもいない私たちがどれほど余計に祈らなければならないかは自ずと明らかです。

英語にこんなことばがあります。"If you are too busy to pray, you are just too busy!"（もし祈れないほどに忙しいのなら、それは本当に忙し過ぎる！）これは皮肉です。言い換えれば、祈れないほど忙しいはずはないということです。

祈りとは何か

霊性リーダーは祈らなければなりません。祈りは神との対話であり、創造主との交わりであり、絶対者とのつながりです。実際、神と対話するということ自体が、どれほどとてつもない意味を含んでいるでしょうか。王の王であり、創造主であり、全能者である神と被造物である私たちが祈りを通して対話するということ自体が、びっくり仰天するような途方もない出来事であり、神秘的なことです。祈りは、被造物である人間がこの世でできる最も高貴で水準の高い行いです。

祈りはたましいの呼吸だとよく言いますが、ここにはさまざまな意味が込められています。呼吸は続けなければなりません。一度呼吸したからといってしばらく呼吸しない人はいません。そして、呼吸するということはいのち、すなわち、生きているという証拠です。ですから聖書は「絶えず祈りなさい」と言っています。

祈りは信仰の尺度にもなります。人々がよく言う「祈りが上手だ」とは、美しいことばで流れるようにすらすらと祈ることを指します。聖書にもそのように祈る人が登場します。パリサイ人です。彼らは大勢の前で流暢に祈ります。しかし、祈りが上手だというのは、パリサイ人のように振舞うことではありません。私が重要だと考えるのは、祈りの範囲です。成熟した祈りとは、自分自身だけでなく他人のため、神の御国のための祈りです。このような祈りをする人は、祈りの範囲が広いのです。だれのために祈るか、何のために祈るかが、信仰の成熟度を語ると思っています。人々はだれでも、自分の人生で最も重要な関心のあることに優先順位を置くものですが、それは祈りにもそっくりそのまま反映されるからです。

たとえば、満たしてくださいと毎日祈っている人がいるなら、何か満たされないことがあるとわかりますし、その人の優先順位がそこにあることもわかります。また、ある教会では祈りのたびに一つにしてくださいと祈っているとしましょう。それは裏返せば、多くの争いがあるという意味であり、それが最も重要な関心事だということがわかるのです。

それだけでなく、祈りは従順の過程です。私たちは多くの場合、祈りを通して自分の思いを神に告げようとします。しかし、それよりも重要なことは、神が自分に語ってくださり、自分を導いてくださると信頼して従うことです。

あるとき、青年たちを集めて説教をしましたが、当時、大ヒットしていた時代劇を例話にしたことがあります。神の王権を語るためにこう言いました。「あの有名な連続ドラマを見てください。王の前で家来たちは何と言っているでしょうか。『ははあ、ありがたき幸せ』こう言っているではありませんか。あのように従う姿勢で、神の前に出なければなりません」。ところが後ろのほうに座っていた一人の青年がパッと手を挙げたのです。普通、説教のときにそのようなことはないのですが、おそらく、その青年は教会に来始めてあまり経っていなかったのでしょう。私は説教を中断して、質問を受けました。

「でも先生、『僭越ながら申し上げます』ということばもあるじゃないですか」

私は一瞬戸惑いましたが、神が知恵をくださって乗り越えることができました。

「そのとおりです。しかし、家来たちが『僭越ながら申し上げます』と言った後も、王が同じことを言い続けたら、家来たちは『ははあ、ありがたき幸せ』と従うではありませんか」

祈りも同じです。祈りを通して私たちは神の御心に従うようになります。逆に言えば、祈らずに従うのは難しいということです。神は私たちが祈るとき、心にあることをすべて差し出しなさいと言われました。自分の思いを見てもらうために差し出すのではなく、神のもので満たすためです。祈りは従順の過程です。イエスも十字架を負う前にゲッセマネの園で祈りました。「できますならば、この杯をわたしから過ぎ去らせてください。しかし、わたしの願うようにではなく、あなたのみこころのように、なさってください」。主にも自分の願いがありました。しかし、祈りという従順のプロセスを通して「わたしの願うようにではなく、あなたのみこころのように、なさってください」と、神の御心に従って十字架の道を歩まれました。

リーダーに必要な祈り

神の知恵を求めよ

シモンとその仲間は、イエスを追って来て、彼を見つけ、「みんながあなたを捜しております」と言った。イエスは彼らに言われた。「さあ、近くの別の村里へ行こう。そこにも福音を

知らせよう。わたしは、そのために出て来たのだから。」（マルコ1・36―38）

朝早く起きて祈る主のところに弟子たちが来て、皆が主を捜していると言います。私なら「え、どこですか。早く行かなければ」と言ったでしょうが、イエスは「さあ、近くの別の村里へ行こう。わたしは、そのために出て来たのだから」とお答えになりました。イエスはご自分の召しに従順だったのです。

霊性リーダーは、神の知恵を求めなければなりません。私たちは人生で多くの決定をします。ところが、その決定の際に人に認められることを求めるため、神がゆだねる使命が揺るがされることがあります。イエスは祈りによってそれに打ち勝ちました。祈りを通して神の知恵を求めたのです。つまり、イエスはゆだねられた使命についてはっきりと理解し、確認したのです。

召命と使命がはっきりするとき、私たちは正しい決定をすることができます。このときに重要なのが、バランスと集中です。バランスは片方に偏らないことであり、集中は一つのことに焦点を合わせることです。ふと考えるとこの二つは相反するようですが、働きにはバランスが必要であり、その中に召しと使命に対する集中がなければなりません。結局、知恵と知識と悟りを求めるべきですが、これは神の時を理解することです。

リーダーだから祈るのではなく、神が祈りを通して知恵をくださり、悟らせてくださるので、祈らなければならないのです。私の人生を振り返ると、私にとても重要な霊感をもたらす優れたアイディアは、祈っているときに与えられました。あなたもそのような経験がないでしょうか。神が語り、悟らせてくださるのなら、一瞬で思い出したり、突然ある記憶がよみがえったり、よく知らなかったことが急に理解できたりします。知識を積んだからといって、それが知恵となるのではありません。神の知恵は確かに存在します。神の知恵は私たちに思い出させ、見させ、感じさせ、覚えさせます。神は正確な時に悟りを与え、状況や境遇を理解できる知恵をくださいます。私たちは知恵の初めである神に、だれが、いつ、どこで、何を、どうして、なぜするべきか、求めなければなりません。

神の力を求めよ

霊性リーダーは、神の力も求めなければなりません。ここでいう力は、霊的なパワーだけを意味するのではありません。実際に私たちに与えられている、リーダーの役割をきちんと果たすための力も含まれます。私たちは、神に力を求めるというと、教会の働きに限られた力だけを考えますが、そうではありません。聖書の偉大な人物を見てください。アブラハムは事業家であり、ダビデは政治家であり、ネヘミヤは建設部の長官であり、ヨセフは行政官であり、ヨシュアは軍隊の長官でした。彼らは皆、霊的なパワーをもって祈り、自分たちの領域でとてつもないリーダーシップの影響力を発揮しました。そして神との深い対話を通して、神の力を得た、という共通点があります。神の力は、教会の働きだけに限って必要なのではなく、ビジネス、医療、教育、セールス、マーケティングなど、すべての分野に必要なのです。実際、神は、それらすべての分野にご自分の力を注いでくださいます。

私たちは時にこれを賜物《たまもの》と呼びます。神がくださる力は、ギフトです。聖書の人物は「主はわが力」と何度も告白しています。力は何かができるパワー（能力）のことです。そのためイエスは、「何でもあなたがたが地上でつなぐなら、それは天においてもつながれており、あなたがたが地上で解くなら、それは天においても解かれているのです」（マタイ18・18）と言います。神が祈りを通して、私たちに力をくださるということです。ですから霊性リーダーは神の力を求めなければなりません。リーダーには忍耐が必要です。それも力です。リーダーには勇気も必要です。それも力です。リーダーの役割をきちんと果たせる助けも必要です。それも力です。

王の心は主の手の中にあって、水の流れのようだ。みこころのままに向きを変えられる。
（箴言21・1）

王の心が主の手の中にあることは、まるで水路（watercourse）のようだというのです。水が水路を通って流れるように、神が王の心とすべてのものを管理して治め、導いてくださいます。ですから、学縁、地縁、血縁などの人脈にとらわれず、人の心を手の中に握っておられる神の力を求めなければなりません。

聖書は、「神はそのまなかにいまし、その都はゆるがない。神は夜明け前にこれを助けられる」（詩篇46・5）と語ります。そして「私のたましいよ。目をさませ。十弦の琴よ。立琴よ、目をさませ。私は暁を呼びさましたい」（詩篇57・8）と言っています。神はいつでも私たちを助け、力をくださいますが、詩篇記者は特に早朝、何をするよりも前に神の力を求めて祈りました。

神の愛を求めよ

最後に、霊性リーダーは神の愛を求めなければなりません。

霊性リーダーはなぜ祈るのでしょうか。神の愛が必要だからです。リーダーは批判され、誤解され、いじめられて、とてもつらいことが多く起こります。最もつらいことの一つが、自分がよく知り理解している人が、わかってくれないときです。そのような人々を、自分が知って理解しているほうに導こうとするのですから、どれほど大変なことでしょうか。

リーダーには、だれよりも神の愛に対する確信が必要です。しょっちゅう人によって揺るがされるからです。自分の味方はだれもいない、と感じるときがあります。理解してくれる人がだれもいないように思えるときがあります。それがリーダーの寂しさです。リーダーには寂しさを吐露するところがありません。

シカゴのウィロークリーク教会を牧会しているビル・ハイベルズ（Bill Hybels）牧師は著書で、彼が導く人々のことを「この人々が見るものがどれほど狭いか、おかしくなりそうだ。彼らがみんな馬鹿に思える」と表現しました。それを読んでどれほどいやされたかわかりません。私はそのようなことは多くの場合、韓国の文化のせいだと考えていました。ところが外国で、それも相手への尊重と配慮が強いアメリカで、尊敬される牧師がこう話すのを見て、これは文化の違いではなく、東西を問わず、すべてのリーダーが経験する問題だということを改めて確認することができたのです。

何も思い煩わないで、あらゆる場合に、感謝をもってささげる祈りと願いによって、あなたがたの願い事を神に知っていただきなさい。そうすれば、人のすべての考えにまさる神の平安が、あなたがたの心と思いをキリスト・イエスにあって守ってくれます。（ピリピ4・6—7）

すべての状況を知る神の平安が、心配と思い煩いから私たちの心と思いを守ると言ってくださいました。あらゆる場合において、祈りと願いによって神に知っていただくときに、です。

死んでくださった方、いや、よみがえられた方であるキリスト・イエスが、神の右の座に着き、私たちのためにとりなしていてくださるのです。(ローマ8・34)

また、イエスが私たちのためにとりなしてくださるので、心配する必要はありません。イエスの大きな愛であなたの心を覆いましょう。

私が出会った優れたリーダーたちは、大きな問題を大きな問題とは考えませんでした。人々が来て、「大変なことが起こりました!」と言うと、「ああ、それは……うん、うん……」で終わってしまいます。それはその問題を知らないからではありません。彼らは、神の愛によってすべての思い煩いを主にゆだねていました。

さあ、それでは、イエスはいつ、どうやって祈っておられたか、見てみましょう。

イエスはどのように祈ったか

まず、イエスは一番大変なときに祈りました。

それから、イエスは少し進んで行って、ひれ伏して祈って言われた。「わが父よ。できますならば、この杯をわたしから過ぎ去らせてください。しかし、わたしの願うようにではなく、あなたのみこころのように、なさってください。」（マタイ26・39）

イエスは十字架を負う前、最もつらいときに祈りました。リーダーも同じです。最もつらいときに、電話も人を訪ねることもインターネットで検索することもせず、イエスのように祈らなければなりません。問題について黙って考えていればいるほど、問題は大きくなるものです。大きな問題であればあるほど、その問題を差し出して、もっと祈らなければなりません。

第二に、イエスは重大な決定をするときに祈りました。

このころ、イエスは祈るために山に行き、神に祈りながら夜を明かされた。（ルカ6・12）

イエスは弟子たちを選ぶという重大な決定を前に、山に行って夜通し祈りました。十分に祈った後で、降りて来て、すぐに十二弟子をお選びになりました。

リーダーには決定するべき多くのことがあります。時には早く、時には即座に、決定しなければなりません。

すると、王は私に言った。「では、あなたは何を願うのか。」そこで私は、天の神に祈ってから……（ネヘミヤ2・4）

ネヘミヤは、決定の瞬間に天の神に祈りました。どんなに急いでいても、神に祈ることほど重要なことはありません。霊性リーダーとして、あなたは重要な決定をするとき、天の神に祈っているでしょうか。あなたの決定には、神に求める祈りが含まれていますか。

第三に、イエスは使命と人の間でひとり苦しむときに祈りました。

さて、イエスがひとりで祈っておられたとき、弟子たちがいっしょにいた。イエスは彼らに尋ねて言われた。「群衆はわたしのことをだれだと言っていますか。」（ルカ9・18）

イエスは、答えによっては神の御子として気分を害するかもしれない、「群衆はわたしのことをだれだと言っていますか」という質問をすることをためらいませんでした。ここに注目するべきことばがあります。それは「ひとりで祈っておられた」です。二匹の魚と五つのパンの奇蹟を起こした後、主はひとりで祈られました。男だけで五千名ですから、実際に集まった人は一万名を超えるというほど大きな集会をしてもなお、人々の人気に揺るがされることがなかったのは、まさに祈りの力です。人との関係と使命の間で、リーダーがジレンマに陥るケースはどれほど多いことでしょう。祈りがあれば、神と人と使命の間で苦しむときも勝利することができます。ひとりで苦しみ、寂しいとき、祈りましょう。

第四に、イエスはすることが多いときもよく祈りました。

しかし、イエスご自身は、よく荒野に退いて祈っておられた。(ルカ5・16)

英語の聖書(NIV)はこのみことばを"But Jesus often withdrew to lonely places and prayed."と翻訳しています。ここで重要な単語は「often(よく)」です。「祈る」というギリシャ語の原文を見ると、一度だけ祈ることではなく、習慣的な行動を意味する時制になっています。イエスはよく祈られました。何かがあるときに特別に祈ることも重要ですが、普段からよく祈らなければなりません。

霊性リーダーの祈り

リーダーが祈らないのは職務放棄です。霊性リーダーが人々を導くためには、まず神の導きを受けなければなりません。導きを受ける通路が、祈りです。

霊性リーダーは、自分を導いてくださる究極的なリーダーである神に尋ねなければなりません。それだけでなく、神の御心を聞かなければなりません。ですから霊性リーダーにとって祈りとは、神の導きを求めることであり、神が願っておられることを聞くことです。霊性リーダーは、トウザー（A. W. Tozer）が言ったように、神の声を聞く人であり、フォロワーは神の御声を聞く人の言うことを聞くようになっています。

霊性リーダーにとって祈りは、神との連結ポイントです。祈りは世で言う、最終手段ではなく、霊性リーダーの最初の労苦でなければなりません。リーダーが祈るべき理由は、何を祈るべきかをリーダーが一番よく知っているからです。状況と事情を一番よく理解しているリーダーが最も切実に、何を重要と考え、求めるべきかを一番よく知っているので、リーダーの祈りは重要です。また、持っている責任感のゆえに、リーダーは祈らずにはいられません。自らに与えられている大きな責任を自分で担うことはできないので、もっと知恵深く、もっと力があり、すべてを知っている神に祈るしかありません。

リーダーには、祈るべき多くの課題があります。私たちは祈るときに謙遜になります。神を認め、神にひざまずく霊性リーダーは謙遜に神の知恵を求めます。私たちの力と能力ではすべてを知ることができませんが、知識と知恵までも神が思いつかせ、思い出させます。神はご自分の主権的タイミングで、すべてを働かせて益となるように助けてくださいます。

霊性リーダーの祈りは、平安をもたらします。多くのストレスを受けて、気が重く、寂しいときに、重い荷をひとりで負うたびに、祈りは神の平安を経験させてくれます。霊性リーダーは祈りを通して見分ける力を育てます。数多くの決定と選択の前で、何を決定し、選択するべきか、一瞬、一瞬、状況と事情を正確に判断して見分けることのできる力、人の心と思いを洞察する力、さらには霊的な流れまでも見ることのできる霊的な判断力を持つようになります。

また、霊性リーダーの祈りは、召命を確信させます。すでに神がくださった召命を、祈りを通してもう一度確認し、そのことを通して進むべき方向をはっきりと打ち立てます。イエスはゲツセマネの園で、できることならこの杯を過ぎ去らせてくださいと、しかし、わたしの願うようにではなく、神の御心のようにしてくださいと祈りました。果たして、イエスは神の御心、十字架を知らず、このとき初めて求めたのでしょうか。そうではありません。イエスはすでにご自分の召命、十字架の道を知っておられました。ただ、このときも祈りを通してそれを確信し、召命の道を歩む従順の過程を示してくださったのです。

それでは、霊性リーダーは何のために祈るべきでしょうか。祈るべきことは多くありますが、特に三つの祈りの課題を分かち合いたいと思います。

第一に、自分のリーダーシップのために祈らなければなりません。自分の足りなさを悟って神の導きを求め、自分のリーダーシップの影響力のために祈らなければなりません。一番重要なことは、人々の前では良きリーダーであり、神の前では良きフォロワーとなることです。ですから、霊性リーダーは絶えず自分を省み、神の前で自分の人格と成熟のために祈らなければなりません。

第二に、自分とともに働くチームのために祈らなければなりません。霊性リーダーの祈りには共同体のためのとりなしがあります。共感することがどれほど重要か、世間でも話題になっています。しかし、とりなしの祈りこそが、本当に最高の共感です。とりなしの祈りは共感の始まりであり、準備です。世のどんな共感方法よりも、まずとりなしの祈りを通して、人々の必要と人々に対する祈りの課題を神にささげましょう。そうするときリーダーは、その人々に対する深い共感と理解と愛と赦しを経験するようになります。

祈りのように、人の心を感動させるものがあるでしょうか。祈りを願わない人はいません。あるとき、スピード違反で捕まったことがあります。申し訳なく、また恐れる思いで震えている私に、警察官が近づいて来ました。彼は私の横に置かれた聖書を見て、教会に通っているのかと聞きました。礼拝の時間に少し遅れているのです、すみませんと答えると、警察官は、切符は切らないから自分のために祈ってほしいと言いました。病院に信徒のお見舞いに行くと、聖書を持っている私の姿を見つけた別の患者が、祈ってほしいと願うケースが時折あります。

霊性リーダーは、一緒に働くチームのための祈りをとても重要に考えなければなりません。公的な場で、神に祈っていることを知らせることもとても重要です。自分の弱さを認め、より大きな神の知恵を求めるリーダーの姿を表現するのです。しかし、口だけで祈りなさいと勧めるのではなく、実際に自分が先に祈り、チームのために絶えずとりなさなければなりません。

社員のために祈る社長、チームのメンバーのために祈る代表など、リーダーが自分のために祈っているという事実を知るとき、その祈りは人々にとって大きな共感と感謝、そして愛という影響を及ぼします。機会があるなら、ともに祈ることもまた重要です。祈っていると言っておきながら祈らない罪を犯さないように、時にはすぐその場で祈ることもいいでしょう。

第三に、リードする人々のためにも祈らなければなりません。リーダーにとっても最も大切なのは、神からゆだねられた人々です。したがって、彼らのために祈ることは彼らに対する神の心と同じです。使徒パウロはピリピにいるクリスチャンに向かって「私が、キリスト・イエスの愛の心をもって、どんなにあなたがたすべてを慕っているか、そのあかしをしてくださるのは神です」（ピリピ1・8）と言って祈りました。神が自分にゆだねてくださった人々が、神の御心のままに、神の導きの中で、神がくださった潜在力を思い切り発揮する、影響力のある人々となるように願うなら、彼らのために祈ることはリーダーとして当然です。霊性リーダーは共同体のための祈り、自分に与えられた人々のための祈りを通して、彼らをより深く理解し、愛し、彼らに対する神の御心を確認するようになります。

求めなさい。そうすれば与えられます。捜しなさい。そうすれば見つかります。たたきなさい。そうすれば開かれます。（マタイ7・7）

リーダーが、フォロワーをきちんと導けるようにと求めるなら、与えられます。捜すなら、見つかります。戸を叩くなら、開かれます。

霊性リーダーは、自分の弱さと私たちを導いてくださる神の全能を告白して、求めなければなりません。定期的に時間と場所を決めて神に祈ることは、霊性リーダーのたましいを管理する最も重要な力となります。その時間を通して神のみことばに接し、聖書を通して神の導きと御心を知り、共同体に対する神の御心を確認します。

祈りがすべてを変えます（Prayer changes）！　祈りこそ、神の力と知恵と愛につながる扉を開くマスターキーです。そして霊性リーダーは、そのキーを用いるリーダーなのです。

訳者あとがき

本書の翻訳を始めたのは昨年の八月でした。翻訳をしながらリーダーやリーダーシップについて改めて考えさせられたり、新しい視点を与えられたりしているときに、アメリカでは大統領選があり、韓国でも大統領に関する問題が起こって、現実的に「リーダーシップ」の問題が取り沙汰されるようになりました。海外だけでなく日本でもリーダーに関するニュースには事欠きません。人々が求めるリーダーとはどのような存在なのか、真のリーダーシップとは何か、今、まさに多くの人々が関心を寄せているのではないでしょうか。

『世の中心に立つ霊性リーダーシップ』というタイトルを見たとき、正直なところ、少し大げさだ、クリスチャンにはわかるけれど、「世」に通用するのか、という感想を抱きました。しかし、読み進めていくうちに、決して大げさではないということがわかりました。

「急変する時代の中で、変化の流れを正確に読むことができる方は神です。それを主導する方が神だからです。今の時代に霊性リーダーシップが必要な理由がここにあります」(四六頁)

最高のリーダーである神に導かれる霊性リーダーは、時代や状況、またフォロワーに合わせた適切なリーダーになることができるからです。

今すでにリーダーとして指針を求めている方はもちろん、これからリーダーになろうとする若い方々にも助けになると思います。また、リーダーだけでなく、フォロワーである方々にも、リーダーを理解し、ともに歩むために有益な視点を与えてくれるでしょう。

私たちの偉大なリーダーであるイエス様にフォロワーとしてついて行くと同時に、自分にゆだねられているフォロワーに精いっぱい仕える霊性リーダーシップが日本の教会と社会にあふれるように心から願います。

最後に、翻訳を助けてくださった宣銀均宣教師、書籍翻訳の経験が浅い私の足りなさを補うために多大な労を取ってくださったいのちのことば社出版部の岸恵子様とスタッフの皆様、そして、祈りをもって支え、励ましてくださった草加福音自由教会の高尾浩史牧師はじめ愛する兄姉に心から感謝を申し上げます。

心からの感謝と、すべての栄光を主におささげして。

二〇一七年三月

松田　悦子

ジン・ジェヒョク（ピーター・ジン）

高校時代よりアメリカで育ち、バージニア州立大学で心理学を専攻。トリニティ神学校で牧会学修士（M. Div）、フラー神学校で宣教学修士学位（Th. M）とリーダーシップ哲学博士学位（Ph. D）、ミッドウェスタンバプテスト神学校で牧会学博士学位（D. Min）を取得。アメリカの教会に仕えた後、アフリカ・ケニアの宣教師として若きリーダーたちと奉仕。その後、韓国・地球村教会で外国語礼拝部の担当牧師となり、大学でも教鞭をとる。2005年からアメリカ・ニュービジョン教会を牧会し、2011年から韓国・地球村教会の主任牧師。多文化を理解し、グローバル時代に似つかわしい識見を持つリーダーシップの専門家。「神はすべてのクリスチャンが霊性リーダーとなり、世に出て行き、光と塩として生きることを願っている」とリーダー育成に尽力。韓国で著書多数。日本ではこれが最初の著書となる。

松田悦子

高校2年生の時、クラスメートを通じて神様と出会う。1994年に来日した韓国の賛美チームとの出会いをきっかけに韓国語を学び始める。2007年から韓国・ソウルの長老会神学大学校神学大学院で学び、2010年卒業。母教会である東京武蔵野福音自由教会の事務スタッフとして1年間奉仕した後、2011年より草加福音自由教会伝道師。訳書に『お?! 聖書が読めてくる』（イ・エシル著）、『恋愛の品格』（パク・スウン著、いずれもDURANNO）他。

世の中心に立つ霊性リーダーシップ

2017年 5月 20日発行

著 者 ジン・ジェヒョク

訳 者 松田悦子

印刷製本 モリモト印刷株式会社

発 行 いのちのことば社
〒164-0001 東京都中野区中野2-1-5
電話 03-5341-6923（編集） 03-5341-6920（営業）
FAX03-5341-6921
e-mail:support@wlpm.or.jp http://www.wlpm.or.jp/

乱丁落丁はお取り替えします。ISBN 978-4-264-03636-4